LEUCHTTÜRME

DIE SCHÖNSTEN LEUCHTTÜRME DER WELT

LEUCHTTÜRME

DIE SCHÖNSTEN LEUCHTTÜRME DER WELT

JENNY LINFORD

Entwurf und Realisation: Atlantic Publishing

Fotos © Courtesy Corbis
(siehe S. 190 für detaillierten Bildnachweis)

Übersetzung aus dem Englischen: Lizzie Gilbert, Köln
Satz und Redaktion: agentur schroeder & partner, München
Koordination: trans texas GmbH, Köln

ISBN 10: 1-40547-116-6
ISBN 13: 978-1-40547-116-9
Printed in China

INHALT

EINLEITUNG

Seit jeher hat der Mensch Licht und Feuer genutzt, um gegen die Gefahren der Dunkelheit anzukämpfen. Vielleicht ist es diese lebenswichtige Funktion des Lichts, die das anhaltende Interesse für Leuchttürme erklärt, die selbst im 21. Jahrhundert noch das Dunkel erhellen und Schiffen den Weg weisen.

Unter einem Leuchtturm stellen wir uns meist einen schmalen weißen Turm vor, dessen Leuchtkammer einen hellen Lichtstrahl aussendet. Die Wirklichkeit ist um einiges abwechslungsreicher. In Bremerhaven, das für seine vielen Leuchttürme bekannt ist, findet man sowohl romantische Türme im gotischen Stil als auch moderne, funktionale Konstruktionen. Im französischen Cordouan steht ein filigraner und eleganter Leuchtturm aus dem Jahr 1611, der aufwändig gestaltete Innenräume und sogar eine königliche Kapelle beherbergt. Die 1886 errichtete Freiheitsstatue im Hafen von New York, eines der bekanntesten Baudenkmäler der Welt, war ursprünglich ebenfalls ein Leuchtturm – und zudem der erste mit Strom betriebene Leuchtturm Amerikas: Das Licht strahlte aus der Fackel der personifizierten Freiheit. Die für Kanada typischen eckigen Leuchttürme, die spitz zulaufen wie eine Pyramide, oder die Gitterkonstruktionen der Florida Keys, die mitten im Wasser stehen, die gedrungenen Leuchttürme Islands, die hell orangefarben gestrichen sind, damit sie sich vom Schnee deutlich abheben, oder ein hübscher Leuchtturm im griechischen Kefalonia, der eher an einen Tempel erinnert – sie alle dienen demselben Zweck. Und dennoch unterscheidet sich ein jeder auf wunderbare Art von dem anderen und ist somit Ausdruck menschlichen Erfindungsreichtums.

GESCHICHTE DER LEUCHTTÜRME

Der erste Leuchtturm der Welt war der Pharos im Hafen von Alexandria. Dieser Bau war so außergewöhnlich, dass er zu den sieben Weltwundern der Antike zählte; das einzige antike Weltwunder übrigens, das einen praktischen Nutzen hatte. Ägyptens Herrscher Ptolomaios Soter gab den Bau 290 v. Chr. in Auftrag; fertig gestellt wurde er um 270 v. Chr., während der Herrschaft Ptolomaios' II. Der Turm wurde auf der Insel Pharos errichtet, um die Schiffe sicher in den Hafen von Alexandria zu leiten.

Der Architekt dieses bemerkenswerten Baus war Sostratos, der folgende Inschrift an dem Turm hinterließ: „Sostratos, der Sohn von Dexiphanes von Knidos, widmet dies den Göttern der Rettung zum Wohle jener, die zur See fahren." Der Legende nach wollte Ptolomaios, dass der Turm ihm gewidmet würde, also ließ Sostratos zunächst seine persönliche Widmung in das Gemäuer meißeln, verputzte dies und versah den Putz mit der Widmung an Ptolomaios II. Im Laufe der Zeit bröckelte der Putz ab und die heimliche Widmung von Sostratos kam zum Vorschein.

Damals war der Leuchtturm eines der höchsten Gebäude der Welt und wurde nur noch von den großen Pyramiden überragt. Mit weißem Marmor verkleidet, muss er sehr beeindruckend ausgesehen haben. Antiken Quellen zufolge war der Leuchtturm von Pharos 300 Ellen hoch. Da dieses Längenmaß von Land zu Land variierte, schätzt man heute, dass der Turm sagenhafte 130 bis 180 Meter hoch gewesen sein muss. Der Bau war dreigeteilt: Unten war er quadratisch, dann achteckig und oben rund. Das Licht war oberhalb des runden Turms angebracht. Vermutlich brannte nachts auf dem Turm von Pharos ein Feuer, tagsüber reflektierte ein großer Spiegel, möglicherweise aus poliertem Metall, die Sonnenstrahlen. Nach der Überlieferung wurde dieser Riesenspiegel benutzt, um feindliche Schiffe auszumachen und in Brand zu setzen. Bei guter Sicht war das Fanal fast 30 Seemeilen weit zu sehen. Im Laufe der Jahrhunderte wurde der Turm durch mehrere Erdbeben beschädigt. Um 1349 n. Chr. war er nur noch eine Ruine und 1480 wurde an seiner Stelle eine Festungsanlage gebaut.

Der große Bau von Alexandria wurde als Vorbild für alle späteren Leuchttürme angesehen, was sich auch in vielen Sprachen niedergeschlagen hat. Das französische Wort für Leuchtturm ist „phare", im Italienischen und Spanischen heißt er „faro". Und die Wissenschaft, die sich mit Leuchttürmen befasst, wird „Pharologie" genannt.

Auch im Römischen Reich waren Leuchttürme allgegenwärtig. In ganz Europa ließen die Römer sie bauen. Im englischen Dover befinden sich die Ruinen eines 24 Meter hohen Leuchtturms, und in Boulogne in Frankreich stand der berühmte Tour d'Ordre, den Kaiser Caligula 40 n. Chr. errichten ließ. Der imposante Leuchtturm von La Coruña an der spanischen Atlantikküste ist der älteste erhaltene Leuchtturm und wurde schon von den Römern genutzt. Nach dem Niedergang des Römischen Reichs um 500 n. Chr. darbte auch das maritime Handelswesen und die Leuchttürme verfielen.

Im Mittelalter wurden in Klöstern und Kapellen entlang der Küsten Warnlichter entzündet, um die Seefahrer zu leiten. Der älteste Leuchtturm Portugals, Cabo de São Vicente, gehörte zu einem Kloster, das 1515 errichtet wurde. St. Michael's Mount im englischen Cornwall war ursprünglich ein 1135 erbautes Benediktinerkloster. In Deutschland wurden die ersten Leuchttürme im 14. Jahrhundert von den Hansestädten Lübeck und Wismar an der Ostsee errichtet; an der Nordsee gab es erst viel später Leuchtfeuer, hier wurde jahrhundertelang mit ortskundigen Lotsen gearbeitet. Das Hafenzeichen von Travemünde, befeuert ab 1316, diente der Sicherung des Seehandels. Der heutige Bau von 1539 ist Deutschlands ältestes erhaltenes Leuchtfeuerbauwerk. 1299 bekam Hamburg die Erlaubnis, auf Werk eine Landmarke zu errichten, den 1310 fertig gestellten Turm Neuwerk. Das viereckige Bollwerk ist knapp 10 000 Tonnen schwer und sollte vor allem die Elbmündung vor Seeräubern sichern. Von 1644 bis 1814 war Neuwerk als Feuerblüse in Betrieb, das heißt,

Rechts: Old Head of Kinsale, County Cork, Irland.

oben auf der Plattform brannte ein offenes Kohlenfeuer. Erst ab 1814 fungierte er als Leuchtturm.

Mit dem Aufstieg der Seehandelsmächte im 18. und 19. Jahrhundert und der Industrialisierung entstanden rund um den Globus Leuchttürme. Für Seefahrernationen wie Frankreich und England war es wichtig, die Technologie der Leuchtturmbauten voranzutreiben. Die Seeschifffahrt war sehr gefährlich. Um 1800 ging in der britischen Küstenregion pro Tag ein Schiff verloren oder lief auf Grund. Gleichzeitig wurden die Konstrukteure von Leuchtfeuern, wie der Brite Robert Stevenson, von den Küstenbewohnern gehasst, weil diese von dem Treibgut der Wracks profitierten. Doch trotz vieler Widrigkeiten wie bürokratischem Desinteresse, mangelnder Finanzierung, politischer Tatenlosigkeit und großer technischer Herausforderungen entstanden in der ganzen Welt Leuchttürme, die nicht nur der Warnung dienten, sondern auch eine wichtige Navigationshilfe waren.

LEUCHTTURMBAUTEN

Die Geschichte der Leuchttürme ist gespickt mit Beispielen, in denen große Hindernisse bewältigt werden mussten. Die ersten Leuchttürme wurden an der Küste gebaut, doch oft brauchte man sie auch im offenen Meer. Es liegt in der Natur der Dinge, dass Leuchttürme an den gefährlichsten Stellen im Wasser stehen, umgeben von tückischen Riffs.

Der erste fest installierte Leuchtturm auf See wurde im 17. Jahrhundert an der Südküste Englands errichtet. Der Hafen von Plymouth wurde immer bedeutender, und es war dringend notwendig, die Matrosen vor dem etwa 11 Seemeilen vor der Küste gelegenen Riff Eddystone zu warnen. Der Erfinder und Schiffseigner Henry Winstanley (1644–1703), der selbst Schiffe an den gefährlichen Eddystone-Felsen verloren hatte, beschloss, auf dem Riff einen Leuchtturm zu erbauen, was man gemeinhin für unmöglich hielt. Winstanley und seine Mannschaft mussten auf Felsen arbeiten, die während der Flut fast komplett vom Wasser bedeckt waren, wodurch das äußerst gefährliche Unterfangen nur sehr langsam voranging. Zu allem Übel wurde Winstanley von einem französischen Freibeuter gefangen genommen, doch als der französische König Ludwig XIV. erfuhr, was Winstanley vorhatte, befahl er dessen Freilassung mit den Worten: „Wir führen Krieg gegen England, nicht gegen die Menschheit."

Am 14. November 1698 wurde Winstanleys hölzerner Leuchtturm fertig gestellt und die Fischer brachten die Nachricht nach Plymouth, dass auf Eddystone nun ein Licht leuchte. Als Kritiker bemängelten, der Turm

Unten: Es gab mehrere Versuche, einen fest verankerten, der Küste vorgelagerten Leuchtturm auf Eddystone zu erbauen, darunter die hölzernen Konstruktionen von Winstanley und Rudyerd. Der wegweisende Steinbau von John Smeaton löste endlich viele technische Probleme, die dieses Projekt aufwarf.

Rechts: 1822 erfand Augustin Jean Fresnel die Fresnel-Linse, die die Beleuchtung der Seezeichen revolutionierte. Die Fresnel-Linse bündelte Lichtstrahlen von einer Quelle in Prismen, wodurch ein viel leuchtstärkeres Licht entstand als von jeder anderen Laterne zuvor.

werde den Winter nicht überstehen, erklärte Winstanley, er würde sich nicht scheuen, auch den schlimmsten Sturm Englands in seinem Leuchtturm auszuhalten. Unglücklicherweise ging sein Wunsch in Erfüllung. Im Jahr 1703 befand sich Winstanley auf dem Eddystone, um Reparaturen am Turm zu beaufsichtigen. Genau da erlebte England den berüchtigten Großen Sturm, von dem Daniel Defoe schrieb: „Keine Feder vermag ihn zu beschreiben, keine Zunge ihn auszudrücken, kein Gedanke ihn zu erfassen." Am Morgen waren der Eddystone-Leuchtturm und sein Schöpfer verschwunden.

Die Geschichte des Eddystone ist geprägt von der Beharrlichkeit der Menschen. Sechs Jahre später wurde ein zweiter hölzerner Leuchtturm gebaut, der 46 Jahre standhielt. Er brannte 1755 ab; der 94-jährige Leuchtturmwärter Henry Hall wurde von flüssigem Blei getroffen, als er zum schmelzenden Dach emporschaute, und starb wenige Tage später.

Der wegweisende Ingenieur John Smeaton (1724–1792), der heute als erster Bauingenieur Großbritanniens gilt, löste viele technische Probleme, die ein Seezeichen in so exponierter Lage mit sich bringt. Er kopierte den Wuchs von starken Eichen, die jeden Sturm überstehen, und baute einen nach oben hin spitz zulaufenden Steinturm mit einem breiten Sockel.

Für das ambitionierte Projekt heuerte Smeaton Männer aus den Zinnminen Cornwalls an. Der 22 Meter hohe Turm bestand aus 1493 miteinander verzahnten Granitblöcken. Smeaton erfand einen schnell trocknenden Zement, der bei der feuchten Arbeitsumgebung von elementarer Bedeutung war und dessen Formel heute noch genutzt wird. Am 16. Oktober 1759 wurde Smeatons Eddystone von 24 Kerzen beleuchtet. Dieser revolutionäre Leuchtturmbau wurde rund um den Globus kopiert. Um 1870 zeigten sich erste Risse in dem Eddystone-Felsen, daher wurde die obere Hälfte des Turms abgetragen. Das Fundament und die untere Hälfte stehen noch heute, als bleibende Erinnerung an Smeatons Fertigkeiten als Konstrukteur.

Der heutige Leuchtturm von Eddystone wurde 1882 von James Douglass (1826–1898) gebaut und wird inzwischen per Computer gesteuert.

John Smeatons Erfolg inspirierte auch Robert Stevenson (1772–1850), einen bedeutenden Mann für das schottische Leuchtturmwesen. An der schottischen Küste lauerten viele Gefahren für die Schifffahrt. Die berüchtigtste war der Felsen Bell Rock an der Mündung zum Firth of Forth. Allein 1799 gingen an diesem Küstenabschnitt 70 Schiffe verloren. Im Jahr 1800 reichte der junge Ingenieur Robert Stevenson einen radikalen Vorschlag darüber ein, wie man direkt auf dem Bell Rock ein Leuchtfeuer errichten könnte. Die Behörde des Northern Lighthouse Board schreckte jedoch vor den Kosten des aufwändigen Projekts zurück. Erst nach einer großen Tragödie kümmerte man sich wieder um Bell Rock: Im Jahre 1804

wurde die 64 Kanonen starke *H. M. S. York* am Bell Rock in Stücke gerissen, an Bord waren 491 Menschen, die alle ums Leben kamen. 1806 wurde dem Bau eines Leuchtturms endlich grünes Licht gegeben. John Rennie war der leitende Ingenieur; Robert Stevenson der Fachmann vor Ort.

Die Probleme, denen Robert Stevenson und seine Leute sich stellen mussten, waren enorm. Bell Rock befand sich 9,5 Seemeilen weit draußen vor der Küste und lag tagsüber meist bis zu fünf Meter unter dem Meeresspiegel. Mit Hilfe einer schwimmenden Plattform baute Stevenson auf dem Bell Rock Riff eine Baracke auf Stelzen für die Arbeiter und das Baumaterial. Die Arbeitsbedingungen für Stevenson und seine Leute waren gefährlich und viele der Männer wurden seekrank. Sie arbeiteten mit Spitzhacken, da Sprengungen das Riff zu stark beschädigt hätten, und bauten den Turm aus horizontal miteinander verzahnten Granitblöcken – die je eine Tonne wogen – ohne Zement. Wegen der Flut ging die Arbeit nur langsam voran: Lediglich zwei Stunden am Tag standen dafür während der Ebbe zur Verfügung. Nach zwei Jahren war der Turm erst knapp zwei Meter hoch, im Februar 1811 wurde der 30-Meter-Turm endlich fertig gestellt. Stevenson hatte ganze Arbeit geleistet: Bis heute musste keine Reparatur an dem nach wie vor beeindruckenden Turm von Bell Rock vorgenommen werden. Im Zweiten Weltkrieg hielt er sogar einer Bombe stand, die neun Meter vom Leuchtturm entfernt detonierte, jedoch keinen Schaden an ihm hinterließ.

Robert Stevenson entwarf oder baute noch mehr als 25 Leuchttürme in Schottland und begründete eine Dynastie von Leuchtturmingenieuren. Die Stevensons spielten außerdem eine wichtige Rolle in der Entwicklung des Leuchtturmwesens in Japan. David und Thomas Stevenson protegierten den schottischen Bauingenieur Richard Henry Brunton (1841–1901), der 1868 der führende Leuchtturmingenieur Japans wurde. Innerhalb von nur acht Jahren leitete er den Bau von über 50 Leuchttürmen rund um die Küste Japans und gründete eine technische Schule für Leuchtturmwesen. Bruntons Leuchttürme waren an den Entwürfen der Stevensons orientiert, aber da Japan in einem Erdbebengebiet liegt, fügte Brunton stabilisierende Träger hinzu und baute auch Leuchttürme aus Eisen bzw. Stahl.

Aufgrund der modernen Navigationstechnik werden inzwischen keine Leuchttürme mehr gebaut. Heute geht es um den Erhalt der alten, was ebenfalls häufig beeindruckender technischer Leistungen bedarf. Der Leuchtturm Cape Hatteras in North Carolina etwa musste von seinem ursprünglichen Standort weggerückt werden, da er wegen der starken Erosion der Küste gefährdet war. Also beschloss man, den 63 Meter hohen Turm aus dem Jahr 1870 von der Küste weg ins Landesinnere zu transportieren. Dazu musste das über 800 Tonnen schwere Fundament entfernt und durch Stahlträger ersetzt werden, die mit hydraulischen Winden versehen waren. Der Turm wurde dann knapp zwei Meter emporgehoben, gestützt und auf Rädern bewegt. Am 17. Juni 1999 trat er seine Reise an und erreichte am 9. Juli 1999 unversehrt sein Ziel, das knapp 500 Meter im Landesinneren lag.

LEUCHTFEUER

Der Ehrgeiz jedes Leuchtturmkonstrukteurs musste es sein, dass das Leuchtfeuer so weit wie möglich zu sehen war. Man wusste schon bald, dass wegen der Krümmung der Erdoberfläche die Lichter so hoch wie möglich angebracht sein mussten, damit man sie überhaupt aus der Ferne sehen konnte. Deshalb baute man hohe Türme oder platzierte die Warnfeuer auf Erhebungen wie Klippen oder Anhöhen. Jahrhundertelang leuchteten auf den Türmen die Flammen offener Feuer. Je größer das Feuer, desto heller das Licht, aber es war unpraktisch und teuer, auf den Türmen große Feuerstellen zu betreiben. Als die Kerzen durch Öllampen ersetzt wurden, benutzte man Spermwalöl als Brennstoff, hergestellt aus dem Tran des viel gejagten Pottwals, da es ein helles und gleichmäßiges Licht produzierte (der Begriff „Candela“ als Lichtstärkeeinheit wurde erstmals für Spermwalöl benutzt). 1781 erfand der Schweizer Apotheker Aimé Argand eine neue Lampe, die noch heller brannte. In Kombination mit Reflektoren wurde sie in vielen Leuchttürmen Europas benutzt; der erste deutsche Leuchtturm mit dieser Technik war Cuxhaven. 1812 ließ der Amerikaner Windsor Lewis eine „reflektierende und vergrößernde Lampe“ patentieren, die vieles von Argands Lampe übernommen hatte. Obwohl sie regelmäßiger Reinigung und Wartung bedurfte, wurde sie in fast allen Leuchttürmen Nordamerikas eingesetzt.

Links: Die Fresnel-Leuchte vom Leuchtturm Yaguina Head in Oregon, USA.

Der französische Physiker Augustin Jean Fresnel (1788–1827), ein Pionier im Bereich der Optik, revolutionierte schließlich die Beleuchtung von Seezeichen. Er beschäftigte sich mit der Reflexion und Brechung von Lichtstrahlen und stellte eine Reihe optischer Formeln auf. 1822 erfand er eine komplizierte Konstruktion, die als Fresnel-Linse oder auch dioptrische Linse bekannt ist. Die nach außen gewölbte Linse sieht aus wie ein gläserner Bienenstock mit ringförmig angeordneten Glasprismen. Die früheren parabolischen Reflektorleuchten hatten 39 Prozent der ursprünglichen Lichtquelle übertragen, Fresnels Linse bündelte das Licht so, dass mit 80 Prozent Stärke ein viel hellerer Strahl entstand. Die bahnbrechende Linse wurde 1823 erstmals im berühmten Leuchtturm von Cordouan ausprobiert: Das Licht strahlte so hell, dass die Küstenbewohner dachten, der Leuchtturm habe Feuer gefangen. Fresnels Lampe kam auf der ganzen Welt zum Einsatz; seine bahnbrechende Erfindung hat seither viele Menschenleben gerettet und wird noch heute genutzt.

Einer der besonderen Vorteile der Fresnel-Linse bestand darin, dass man mit ihrer Hilfe sowohl gleichmäßiges Licht als auch blinkendes Licht aussenden konnte. Durch das Drehlinsensystem – ein in bestimmten Intervallen rotierendes Licht – konnten die Seefahrer die einzelnen Leuchttürme voneinander unterscheiden, was ihnen die Orientierung erleichterte. Durch den Einsatz von buntem Glas wurden außerdem farbige Lichtstrahlen erzeugt, was ebenfalls bei der Unterscheidung der Signale half. Übrigens kann das menschliche Auge ein blinkendes Licht viel besser erkennen als ein statisches. Durch die Erfindung der Fresnel-Apparate wurden die Leuchttürme von reinen Warnfeuern, die auf Gefahren aufmerksam machten, zu wertvollen Navigationshilfen.

Um diese äußerst schweren Kristalllaternen und ihre Optik zu montieren und sie außerdem noch drehen zu können, musste man einen Mechanismus finden, der möglichst keinen Widerstand bot und wenig Raum einnahm. Die Lösung war ausgesprochen raffiniert: Die rotierende Fresnel-Linse schwamm auf einem Becken mit flüssigem Quecksilber. Da Quecksilber 13,6-mal schwerer ist als Wasser und das 35fache Gewicht dessen tragen kann, was Wasser trägt, gelang es den Konstrukteuren, die riesigen Linsen erfolgreich auf kleinstem Raum oben auf dem Turm zu positionieren. Derart gelagert konnte man die schwere Linse sogar mit der bloßen Hand in Bewegung setzen. In der Praxis wurde die Linse jedoch mit einem einfachen Uhrwerkmechanismus in Rotation gebracht. Vorsicht war allerdings geboten, da Quecksilber giftig ist (weshalb man sich früher auch erzählte, dass Leuchtturmwärter alle ein wenig verrückt seien), doch hat es einen zusätzlichen Vorteil: es ist feuerfest und schadet dem Gusseisen nicht.

Ein weiterer Grund für den großen Erfolg der Fresnel-Linse war außerdem, dass sie vorgefertigt, dann in kleinen Teilen transportiert und vor Ort zusammengebaut werden konnte. Lange Zeit war Frankreich das einzige Land, das Fesnel-Linsen produzierte. Die Linse wurde in sechs verschie-

Oben: Das Leben auf einem Leuchtturm mitten im Meer war schon immer eine logistische Herausforderung; selbst alltägliche Verrichtungen konnten problematisch sein. Dieses Foto zeigt, wie schwierig es war, die Männer vor Ort zu versorgen. Der Wärter des Leuchtturms Roter Sand erhielt nur alle acht Wochen eine Lieferung mit Proviant, Post und Zeitungen.

denen Größen, so genannten Ordnungen, hergestellt: Jede hatte eine festgelegte Brennweite (der Abstand vom Zentrum der Lichtquelle zur Linse). Die Größe der Linsen war höchst unterschiedlich: Die Linse erster Ordnung, die kleinste, war nur 60 cm hoch, die größten Linsen dagegen, mit mehr als tausend Prismen bestückt, waren beeindruckende 3,7 Meter hoch und hatten einen Durchmesser von 1,8 Metern. In den USA wurden die kleineren Linsen an Seen, Meeresarmen und in Häfen benutzt, und die drei großen Varianten entlang der Küsten. Es dauerte allerdings eine ganze Weile, bis die Nordamerikaner die Vorteile der Fresnel-Linse erkannten. Der damalige Rechnungsprüfer des US-amerikanischen Finanzministeriums Stephen Pleasonton wollte die Fresnel-Linse noch nicht einmal testen. Erst als 1853 die Verwaltung der Seenavigation aus seinem Verantwortungsbereich zum U. S. Lighthouse Board übergegangen war, begann der Siegeszug der Fresnel-Linse auch in Nordamerika.

LEUCHTTURMWÄRTER

Schon immer hat das sonderbare Leben der Leuchtturmwärter die Fantasie der Menschen angeregt. Man fragt sich, was für einen Charakter ein Mensch haben mag, der an einem so unwirtlichen Ort lebt, noch dazu unter extrem isolierten und oft gefährlichen Umständen. Ein Leuchtturmwärter musste entweder Phasen von völliger Einsamkeit aushalten oder, vielleicht noch schwieriger, mit ein bis zwei anderen Menschen auf engstem Raum zusammenleben. Eine solche Arbeit kann nur Menschen ansprechen, die sich ungern in Gesellschaft aufhalten. Ein Archetyp des Wärters war der Einsiedler Galfridus vom Leuchtturm in Cordouan. Da es zum großen Teil von den Leuchtturmwärtern abhing, ob Menschenleben gerettet werden konnten, war ihr Beruf auch immer schon mit einer gewissen Heldenhaftigkeit verbunden. Der amerikanische Präsident Thomas Jefferson betonte die lebensnotwendige Arbeit der Leuchtturmwärter, als er erklärte: „Schon bei kleinen Nachlässigkeiten sollten Leuchtturmwärter entlassen werden, da dies allein schon zu großen Unglücken führen kann."

Zur ersten Pflicht eines Leuchtturmwärters gehörte es natürlich, sich um das Licht zu kümmern. Jeden Abend bei Sonnenuntergang musste er es anzünden, jeden Morgen wieder löschen und dabei den Ölverbrauch genau beobachten. Nachts musste er die Laterne überprüfen und wenn nötig die Gewichte aufziehen, die das Licht rotieren ließen. Ebenso wichtig war es, die Linse und die Fenster sauber zu halten, da nur so die größtmögliche Sichtweite des Lichts erhalten blieb. Die Lampendochte mussten geschnitten werden, damit sich kein Ruß entwickeln konnte. Dieser Aufgabenbereich war derart wichtig, dass man die Leuchtturmwärter in den USA „wickies" nannte (nach dem englischen Wort „wick" für Docht). Der Leuchtturmwärter hatte außerdem die Pflicht, die Nebelhörner oder -glocken zu bedienen. Wenn es sehr nebelig war, mussten die Glockenmechanismen alle zwei bis vier Stunden aufgezogen werden. Zusätzlich mussten der Turm und das Wohnhaus in Stand gehalten und regelmäßig gestrichen werden. Außerdem hielt der Wärter die Wetterkonditionen und seine täglichen Verrichtungen in einem Logbuch fest.

Der Alltag eines Leuchtturmwärters war ausgesprochen hart. Häufig mussten sich die Wärter zusätzliche Nahrungsmittel besorgen. Da war das Fischen natürlich naheliegend. Einige Wärter konstruierten sich Angeln, die an Drachen befestigt waren und über dem Meer in der Luft flogen. Wenn ausreichend fruchtbarer Boden zur Verfügung stand, konnte ein Wärter sein eigenes Gemüse anbauen und Tiere wie Hühner und Ziegen halten. Ein Wärter des irischen Inishtearaght verunglückte tödlich beim Versuch, eine Ziege zu fangen, um sie zu melken. Nicht selten tobten so starke Stürme, dass die Wärter in ihren Türmen gefangen waren: eine ernste Bedrohung, wenn etwa die Nahrungsmittel zu Ende gingen. Im 19. Jahrhundert tobte vier Wochen lang ein so wilder Sturm, dass Abbie Burgess Grant, die Hilfswärterin des Leuchtturms Matinicus und Tochter des Wärters, das Licht während dessen Abwesenheit die ganze Zeit über brennen lassen musste. Und standhaft hält sich die Legende, das zwei von der Außenwelt abgeschnittene Leuchtturmwärter in der Not die Kerzen für das Leuchtfeuer gegessen haben sollen.

Denkt man an Leuchtturmwärter, so hat man meistens Männer im Sinn, und im Großen und Ganzen ist das auch richtig. Doch der 1624 in Betrieb genommene Seeturm von Wangerooge, das erste entzündete Leuchtfeuer der deutschen Nordseeküste, wurde zunächst von einer Frau gewartet. Auch in den USA gibt es eine lange Tradition von Wärterinnen, darunter Hannah Thomas vom Leuchtturm Gurnet Point in Massachusetts, die von 1776–1786 den Turm in Betrieb hielt, oder Maria Younghans vom Leuchtturm Biloxi in Mississippi. Oft übernahmen die Frauen die Stelle des abwesenden Vaters oder Ehemanns. Im 19. Jahrhundert war Ida Lewis 39 Jahre lang an der Lime Rock Light Station in Rhode Island tätig. In dieser Zeit rettete sie 18 Menschen das Leben. Nach ihrem Tod wurde Lime Rock daher auch in Ida Lewis Rock umbenannt.

Die Arbeit auf und an den Leuchttürmen, die häufig mitten in den gefährlichsten Gewässern stehen, war immer riskant und ist es auch heute noch. Oft war es schon eine Herausforderung, das Seezeichen überhaupt zu erreichen; viele Menschen sind dabei ums Leben gekommen. Der Leuchtturm Le Four vor Finistère wurde oft gänzlich von Wellen überspült und war so berüchtigt, dass die französischen Leuchtturmwärter ihn als „Hölle" bezeichneten. Noch 1978 kenterte dort auf tragische Weise ein Rettungsboot, das auf dem Weg vom Turm zur Küste war; ein Matrose und ein Wärter ertranken. Heute werden vielerorts Hubschrauber eingesetzt, um die Spezialisten für die Wartung der Leuchttürme abzusetzen, doch auch diese Manöver sind nicht ungefährlich.

Zu den Pflichten der Wärter gehörte es außerdem, Schiffbrüchige zu retten. Daher gibt es viele Geschichten, die von dem Heldenmut von Leuchtturmwärtern erzählen. Um 1838 war ganz England beeindruckt von dem großen Mut, den Grace Darling gemeinsam mit ihrem Vater William bewiesen hatte, dem Wärter des Leuchtturms Longstone auf den Farne Inseln vor der Küste Northumberlands. Die *S. S. Forfarshire* war in der Nähe des Leuchtturms gesunken, viele Menschenleben waren bereits verloren, doch Grace und ihr Vater boten dem wütenden Sturm die Stirn und ruderten auf das offene Meer hinaus. So konnten sie neun Überlebende retten, die sich an dem Wrack festgeklammert hatten.

Aufgrund des technischen Fortschritts sind heutzutage nur noch sehr wenige Leuchttürme bemannt. 1998 wurde North Foreland, der letzte bemannte Leuchtturm in Großbritannien, auf Computersteuerung umgestellt. Der Wärter Dermot Cronin, der 33 Jahre dort gearbeitet hatte, drückte seine Wehmut darüber so aus: „Ich finde, ein Leuchtturm ist dazu da, um bewohnt zu werden. Das gehörte zur Arbeit dazu. Die Seeleute auf den Schiffen, die Tag und Nacht vorbeifuhren, wussten: Da ist jemand, der uns im Auge hat." In Frankreich gibt es noch eine Hand voll Leuchtturmwärter, zum Beispiel in Ile Vierge, auf Europas höchstem Leuchtturm. In Nordamerika steht nur noch ein bemanntes Seezeichen, in Boston. Es ist das älteste auf dem gesamten Kontinent. 1716 erbaut, soll es an all die Männer und Frauen erinnern, die als Leuchtturmwärter tätig waren. In Island ist die einsame Station Stórhöfôi noch bemannt, die auf der kargen Insel Heimaey liegt. Der letzte bemannte Leuchtturm Deutschlands war der von Amrum. Doch 1983 wurde auch der höchste Leuchtturm an der deutschen Nordseeküste auf automatischen Betrieb umgestellt.

Noch heute haben Leuchttürme eine starke und leidenschaftliche Lobby. Von Deutschland bis Amerika setzen sich rund um die Welt Gemeinden für den Erhalt ihrer Leuchttürme ein. Um sie zu retten und ihren Erhalt finanzieren zu können, werden sie häufig umfunktioniert: Auf der Insel Pellworm etwa kann man im Leuchtturm heiraten. Vielerorts sind in den Leuchttürmen Museen für Meeres- oder Heimatkunde untergebracht. Nicht nur in Schottland, Kroatien und Kalifornien kann man heute in einigen alten Leuchttürmen übernachten und nachempfinden, wie sich das Leben eines Leuchtturmwärters angefühlt haben muss.

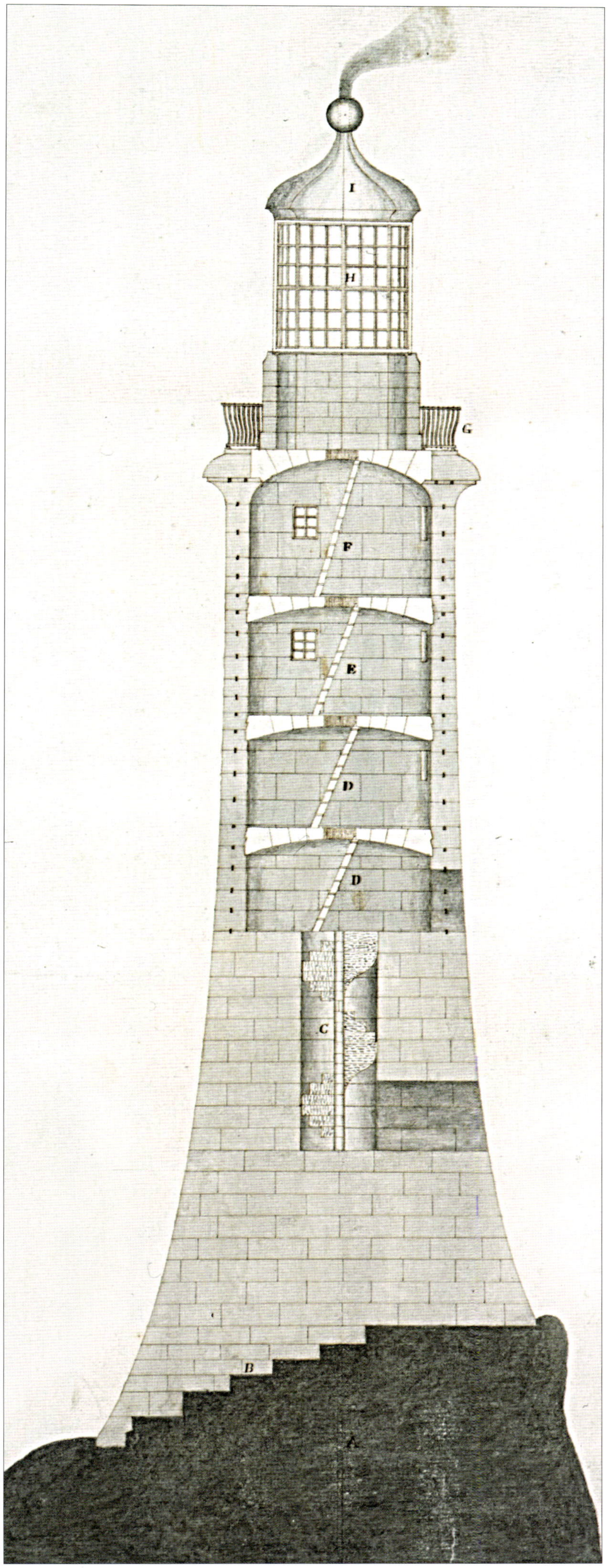

Rechts: Dieser Aufriss zeigt die Innenansicht von Smeatons Leuchtturm Eddystone.

LEUCHTTÜRME IN

EUROPA

PIERRES

Links: Les Pierres Noires, Bretagne, Frankreich: Als Trutzburg gegen die Wellen des Atlantiks, steht der auffallend rotweiß gestreifte Les Pierres Noires für den unbezwingbaren Geist der französischen Leuchttürme. Hier zu landen war schon immer gefährlich. Heute wird das Wartungspersonal per Hubschrauber zum Turm gebracht, was ebenfalls sehr riskant ist. Gründung: 1872; Turmhöhe: 27 m; Status: aktiv (automatisiert).

Oben: Die Laterne des Leuchtturms Roche sur Douvres in Frankreich: 1822 machte der französische Physiker Augustin Jean Fresnel (1788–1827) eine bahnbrechende Entdeckung: Er erfand die rotationssymmetrische Stufenlinse, in der eine Vielzahl von Prismen und Linsen das Licht einfangen und in einen schmalen horizontalen Lichtstrahl bündeln. Die so genannte Fresnel-Linse war ein revolutionäres optisches Gerät und wurde in den Leuchttürmen bzw. Seezeichen rund um die Welt eingesetzt; seit ihrer Erfindung hat sie vielen Menschen auf See das Leben gerettet.

Rechts: Roches sur Douvres, Côtes d'Armor, Frankreich: Aus dem regionalen rosafarbenen Granit gebaut, warnt der imposante Leuchtturm vor einem gefährlichen Riff. Der heutige Turm steht an der Stelle eines gusseisernen Turms aus dem 19. Jahrhundert, der mit einer Höhe von 58 Metern einer der höchsten Leuchttürme überhaupt war und im Zweiten Weltkrieg zerstört wurde. Bei starkem Wind schaukelte er bedenklich. Gründung: 1868; wieder errichtet: 1954; Turmhöhe: 65 m; Status: aktiv (automatisiert).

Oben: La Vieille, Raz de Sein, Bretagne, Frankreich: Die aus Granit erbaute „alte Dame" in der Bretagne gehört zu den bekanntesten Leuchttürmen Frankreichs. Der beeindruckende Turm, der an eine Burg erinnert, wurde zwei Wärtern zum Gefängnis, als sie wegen des rauen Wetters ganze drei Monate darin ausharren mussten. Gründung: 1887; Turmhöhe: 27 m; Status: aktiv (automatisiert).

Links: Feu de Tevennec, Frankreich: Die Region Finistère (was so viel heißt wie „Ende der Welt") besitzt mehr Leuchttürme als jede andere Küstenregion Frankreichs. Einer davon ist der malerische Turm mit dem Namen Feu de Tevennec, der auf einer kleinen, zerklüfteten Insel erbaut wurde. Gründung: 1875; Turmhöhe: 15 m; Status: aktiv (automatisiert).

Rechts: Kéréon, Bretagne, Frankreich: Dieser imposante Leuchtturm, der dem jungen Offizier Charles Marie LeDall de Kéréon gewidmet ist, der während der Französischen Revolution hingerichtet wurde, ist einer der bekanntesten des Landes. Der Bau auf dem meist vom Wasser überspülten Riff von Men-Tensel, das der Insel Ile de Ouessant (Ushant) vorgelagert ist, ist ein technisches Meisterwerk. Es dauerte neun Jahre, bis der Leuchtturm fertig gestellt war. Trotz des strengen Äußeren ist die Unterbringung im Inneren so komfortabel, dass die Leuchtturmwärter ihn „den Palast" tauften. Gründung: 1916; Turmhöhe: 38 m; Status: aktiv (automatisiert).

Oben: Leuchtturm Belle Ile und Hotel Belle Ile en Mer, Frankreich: Vor der britischen Küste liegt die zu Recht „schöne Insel" genannte Belle Ile mit dem zauberhaften Hafenstädtchen Sauzon. Das malerische Seezeichen, das sowohl Yachten als auch den Fischerbooten den Weg weist, ist bei Fotografen und Malern ein beliebtes Motiv.

Links: La Giraglia, Korsika: Zehn Jahre hat es gedauert, bis dieses Seezeichen errichtet war. Steine mussten über das Wasser auf die Insel La Giraglia transportiert und von Eseln auf die Anhöhe getragen werden. Der Turm von La Giraglia wurde auf die Initiative des Korsen Napoleon Bonaparte hin gebaut, der viele Leuchttürme an Frankreichs Küsten errichten ließ. Gründung: 1848; Status: aktiv (automatisiert).

Rechts: Der Leuchtturm Port Navalo: Frankreich verfügt über ein reiches Erbe an Seezeichen. Es gibt darunter dramatisch anmutende Granitbauten, die den Wellen des Atlantiks trotzen, aber auch malerische Hafenleuchtfeuer wie dieses in Port Navalo bei Arzon in der Bretagne.

Oben: Le Palais, Belle Ile, Frankreich: Der französische Terminus für kleine Hafenleuchttürme ist „feu" (Feuer), große Leuchttürme dagegen werden „phare" genannt. Kleinere Seezeichen wie jene vom Hafen Le Palais auf der Insel Belle Ile dienen als Ansteuerungshilfen und weisen den Schiffen den Weg in den Hafen.

Links: La Coubre, Frankreich: Das obere Drittel des hohen, schmalen Turms von La Coubre ist in auffallendem Rot gestrichen, der Rest ist in Weiß gehalten. Der heutige Turm, der zwei Leuchttürme ersetzt, die wegen Erosion gefährdet waren, wurde 1,6 Kilometer vom Meer entfernt gebaut, doch wegen der kontinuierlichen Erosion ist die Küste inzwischen nur noch 250 Meter vom Leuchtturm entfernt. Gründung: 1830; Bau des heutigen Leuchtturms: 1905; Turmhöhe: 65 m; Status: aktiv (automatisiert).

Oben: La Jument, Bretagne, Frankreich: Der Bau des Leuchtturms La Jument ging nur langsam voran, da der Felsen, auf dem er steht, oft von Wellen überspült wird. Neun Jahre dauerte die Errichtung der Konstruktion, die nur mit Hilfe von M. Charles Paton realisiert werden konnte, der eine beträchtliche Summe für den Bau eines neuen Leuchtturms in der Region Ouessant bereitgestellt hatte. Gründung: 1911; Turmhöhe: 48 m; Status: aktiv (automatisiert).

Links: Auf der kleinen Insel Ile Vierge, die vor der französischen Küste an der Bretagne liegt, stehen zwei sehr unterschiedliche Seezeichen. Der eine Leuchtturm befindet sich auf dem Grundstück des Wärterhäuschens und ist weiß und rechteckig. Er ist seit 1902 außer Betrieb (obwohl dort noch das Nebelhorn ist) und wird „le petit phare" (der kleine Leuchtturm) genannt, da er von seinem Nachbarn deutlich überragt wird. Dieser ist der höchste Leuchtturm Europas und der größte steinerne Leuchtturm, der je gebaut wurde. Der schmale, grazil wirkende Turm wurde 1902 errichtet und kann noch aus einer Entfernung von 27 Seemeilen gesehen werden. Station: 1845; Bau des heutigen Leuchtfeuers: 1902; Höhe des Turms von 1845: 31 m; Höhe des Turms von 1902: 82 m; Status: aktiv (bemannt).

Rechts: Wendeltreppe auf der Ile Vierge, Frankreich: Diese wunderschöne Wendeltreppe erinnert an ein Schneckenhaus. Sie befindet sich im Leuchtturm Ile Vierge, der mit seiner Höhe von 82 Metern der höchste Europas ist. Er gehört zu den letzten bemannten Leuchtfeuern in Frankreich. Um zum Kontrollraum zu kommen, muss der Wärter 397 Stufen erklimmen. Gründung: 1845; Bau des heutigen Turms: 1902; Status: aktiv (bemannt).

Links: Cordouan, der älteste Leuchtturm Frankreichs, befindet sich an der Mündung des Flusses Gironde. Der außergewöhnlich elegante Bau steht an der Stelle eines antiken Leuchtfeuers. Er wurde von Heinrich III. in Auftrag gegeben; 1584 begann der Architekt Louis de Foix mit der Planung; 1610 wurde der Turm fertig gestellt. Der großzügige Bau beherbergt sogar königliche Gemächer und eine Kapelle. Neben der Kathedrale Notre-Dame de Paris war der Leuchtturm von Cordouan das erste Gebäude, das als „historisches Monument" eingestuft wurde. In diesem Leuchtturm probierte Augustin Jean Fresnel dann auch sein bahnbrechendes neues optisches System aus; 1823 war Cordouan das erste Leuchtfeuer, das mit der Fresnel-Linse ausgestattet wurde. Bau des heutigen Turms: 1584–1610; Turmhöhe: 68 m; Status: aktiv (bemannt).

Rechts: Pointe de St. Mathieu, Bretagne, Frankreich: Dieser schlanke Turm aus dem 19. Jahrhundert wurde in den Ruinen eines Benediktinerklosters erbaut. Auf dieser Landzunge gibt es bereits seit 1692 ein Leuchtfeuer; damals entzündeten die Mönche zunächst ein Licht im Turm der Abtei. Gründung: 1692; Bau des heutigen Leuchtturms: 1835; Turmhöhe: 37 m; Status: aktiv (automatisiert).

Links: Beachy Head und die Kalkfelsen der Seven Sisters in England: Der unbezwingbare Leuchtturm von Beachy Head, der mit den gigantischen weißen Felsen im Hintergrund wie ein Zwerg wirkt, entspricht ziemlich genau dem Klischee der englischen Küstenlandschaft. Belle Tout, der erste Leuchtturm von Beachy Head, stand oben auf den Klippen, doch aufgrund der starken Erosion wurde er 1999 versetzt, weg von dem bröckelnden Steilhang. Der heutige Leuchtturm ersetzte ihn im Jahre 1902. Gründung: 1828; Bau des heutigen Leuchtturms: 1902. Turmhöhe: 43 m; Status: aktiv (automatisiert).

Links: Beachy Head und die Needles-Felsen der Isle of Wight, England: Dieser kecke, rotweiß gestreifte Turm von 1902 entspricht der allgemeinen Vorstellung von einem Leuchtturm. Der Bau am Fuße der Klippen stellt eine technische Meisterleistung dar. Eine spezielle Gondel schaffte das Baumaterial – darunter beeindruckende 3660 Tonnen Granit aus Cornwall – von den Klippen herunter. Gründung: 1828; Bau des heutigen Turms: 1902; Turmhöhe: 46 m; Status: aktiv (automatisiert).

Oben: Westlich der Isle of Wight ragen die Needles (Nadelfelsen) aus dem Meer; sie waren bei den Seefahrern auf der Route nach Portsmouth und Southampton berüchtigt. Trinity House, in Großbritannien für den Bau von Leuchttürmen zuständig, ließ 1786 auf Bitten der ansässigen Reeder ein Seezeichen auf den Klippen errichten, die sich über die Felsen erheben. Doch allzu oft war der Leuchtturm wegen dichten Nebels gar nicht zu sehen, also nutzlos. Schließlich wurde 1858 der heutige Leuchtturm gebaut, und zwar auf dem Kalkfels, der am weitesten herausragt. Das Fundament ist tief in den Felsen gegraben. Gründung: 1786; Bau des heutigen Leuchtturms: 1858; Turmhöhe: 22 m; Status: aktiv (automatisiert).

Rechts: Leuchtturm Neist Point, Isle of Skye, Schottland: Auf seinen spektakulären Standort auf den Klippen im nordöstlichen Winkel der pittoresken Isle of Skye wurde der Leuchtturm von Neist Point gebaut, um die Schiffe durch den Kanal zwischen Skye und den Äußeren Hebriden zu geleiten. Heute wird der Turm per Computer gesteuert und die Wärterhäuschen dienen als Ferienwohnungen. Nun können Feriengäste das Leben an diesem wunderschönen, einsamen Flecken genießen. Gründung: 1909; Turmhöhe: 19 m; Status: aktiv (automatisiert).

Rechts: Trevose Head, Cornwall, England: Ursprünglich hatte der Leuchtturm Trevose Head zwei weiße Lichter, eines oben und eines unten. An der trügerischen Küste im Norden von Cornwall, wo die Seeleute oft von dichtem Nebel überrascht wurden, war eine gut zu identifizierende Landmarke dringend nötig. Im 19. Jahrhundert begann man dann, die Leuchttürme durch rotierende Lichtmuster voneinander zu unterscheiden. Gründung: 1847; Turmhöhe: 26,5 m; Status: aktiv (automatisiert).

Oben: Rubha Reidh, Schottland: Der hübsche weiße Leuchtturm Rubha Reidh, der den breiten Meereskanal The Minch überragt, hat schon einige wilde Stürme erlebt. Im Zweiten Weltkrieg haben zwei der Wärter bei der Rettung der Überlebenden des amerikanischen Transportschiffs *William H. Welch* eine wichtige Rolle gespielt. Das Schiff hatte während eines schweren Sturms die Orientierung verloren und war auf Grund gelaufen. Gründung: 1912; Turmhöhe: 25 m; Status: aktiv (automatisiert).

Vorherige Doppelseite: Barra Head, Western Isles, Schottland: Die schottische Küste ist berüchtigt und stellte die Konstrukteure von Seezeichen vor manche Probleme. Der berühmte Ingenieur Robert Stevenson (1772–1850) war einer der Männer, die sich den Herausforderungen erfolgreich stellten. Noch heute warnt der 1833 gebaute Barra-Head-Leuchtturm die Seeleute. Stevensons Söhne und Enkel folgten in seine Fußstapfen. Insgesamt 97 Leuchttürme gehen auf das Konto der Stevenson-Dynastie. Das schwarze Schaf der Familie war der Enkel Robert Louis Stevenson, der lieber Bücher schrieb, statt Leuchttürme zu bauen. Sein Roman *Die Schatzinsel* wurde weltberühmt. Gründung: 1833; Turmhöhe: 18 m; Status: aktiv (automatisiert).

Rechts: Godrevy, Cornwall, England: Heutzutage kommen viele Besucher nach Cornwall und genießen das Meer. Sie vergessen oft, wie gefährlich die cornische Küste jahrhundertelang für die Schifffahrt war. The Stones ist ein 2,5 Kilometer langes Riff vor St. Ives. Der Bau des Godrevy-Leuchtturms zum Schutz der Seefahrer war erst beschlossene Sache, als 1854 ein Schiff namens *The Nile* an den Stones zerschellte und alle Mann an Bord ertranken. Nur fünf Jahre später war der Leuchtturm fertig gestellt, noch heute markiert er die gefährlichen Stones. Gründung: 1859; Turmhöhe: 26 m; Status: aktiv (automatisiert).

Links: Inishtearaght, County Kerry, Irland: Von Island abgesehen, ist dies der westlichste Leuchtturm Europas, spektakulär gelegen auf der schroffen Anhöhe einer der Blasketinseln vor Irlands Westküste. Ganze sechs Jahre dauerte es, den Fels zu sprengen und das Seezeichen zu errichten. Hier zu leben war eine große Herausforderung. 1913 stürzte ein Hilfswärter in den Tod, als er versuchte, eine Ziege zu fangen, um sie zu melken. Gründung: 1870; Turmhöhe: 17 m; Status: aktiv (automatisiert).

Links: Fastnet an der Südküste Irlands: Auch „Irlands Träne“ genannt, war der Leuchtturm Fastnet das Letzte, was tausende irische Emigranten auf ihrem Weg nach Amerika von ihrer Heimat sahen. Trotz widrigster Umstände wurde 1854 auf diesem verlassenen Flecken der erste Leuchtturm gebaut. Allerdings wurde er so stark mitgenommen, unter anderem von einem Sturm im Jahre 1881, der das Glas der Laterne zerbrach, dass er am Ende des 20. Jahrhunderts durch einen robusteren Bau aus verzinktem cornischen Granit ersetzt wurde. Er wurde abschrittweise in Cornwall gebaut und dann auf einem speziell angefertigten Schiff an seinen Standort transportiert. Gründung: 1854; Bau des heutigen Leuchtturms: 1903; Turmhöhe: 54 m; Status: aktiv (automatisiert).

Rechts: Old Head of Kinsale, County Cork, Irland: Der auffällige, schwarzweiß gestreifte Leuchtturm von Old Head war der dritte in der Reihe von Seezeichen, die die Schiffe in den Hafen von Kinsale führten. Das erste Seezeichen wurde 1665 gebaut, es handelte sich um eine Blüse, ein Bauwerk, auf dessen oberer Plattform ein offenes Kohlenfeuer brannte. Gründung: 1665; Bau des heutigen Leuchtturms: 1853; Turmhöhe: 30 m; Status: aktiv.

Oben: Longstone, Farne-Inseln, Northumberland, England: Dieser robuste Leuchtturm in Northumberland war Zeuge einer Heldentat, die im viktorianischen England zur Legende wurde: Die gefährlichen Felsen hatten 1838 das Schiff *S. S. Forfarshire* zum Kentern gebracht und viele Menschen ertranken. Neun Überlebende jedoch klammerten sich noch am Wrack des Schiffes fest. William Darling, der Wärter des Longstone-Turms, und seine Tochter Grace trotzten den stürmischen Wogen zweimal und fuhren mit einem kleinen Ruderboot zum Wrack, um die Überlebenden zu retten. Der Sturm tobte so schlimm, dass die Geretteten noch zwei Tage im Leuchtturm ausharren mussten, bevor sie zum Festland gebracht werden konnten. Grace Darling wird seither als Nationalheldin gefeiert. Gründung: 1826; Turmhöhe: 26 m; Status: aktiv (automatisiert).

Links: Leuchtturm Skellig Michael, Irland: Der Ingenieur George Halpin senior spielte im 19. Jahrhundert eine wichtige Rolle beim Entwurf und Bau der irischen Leuchttürme, darunter die ursprünglichen zwei Leuchttürme (einer oben und einer unten) von Skellig Michael, einer felsigen Insel, auf der seit dem 7. Jahrhundert eine Klostergemeinschaft lebte. Gründung: 1826; Bau des oberen Skellig Michael: 1826; Turmhöhe: 7,5 m; Status: seit 1870 außer Betrieb; Bau des unteren, heutigen Skellig Michael: 1967; Turmhöhe: 9,5 m; Status: aktiv (automatisiert).

Links: Poolbeg Light in der Bucht von Dublin, Irland: Am Ende eines der längsten Dämme Europas, der sich von Ringsend knapp 6,5 Kilometer in die Bucht von Dublin erstreckt, befindet sich das heute knallrot gestrichene Poolbeg Light. Gründung: 1768; Bau des heutigen Leuchtturms: 1820; Turmhöhe: 20 m; Status: aktiv (automatisiert).

Rechts: Wolf Rock, Cornwall, England: Vor Land's End steht ein Seezeichen auf einem Felsen, der nach dem Heulen des Windes benannt ist, das ertönt, wenn er auf den ausgehöhlten Felsen trifft. Es gibt wohl kaum einen trostloseren Flecken Erde. Seit 1795, als erstmals ein Tageslicht hier aufgebaut worden war, haben die Menschen versucht, über den Felsen ein bleibendes Warnzeichen zu installieren. Die Arbeiten an einem Turm aus Granit begannen 1861, doch wegen der widrigen Umstände wurde der Turm erst 1869 vollendet. So katastrophal Schiffbrüche für die Mannschaften und Schiffseigner waren, so einträglich waren sie für die Küstenbewohner. Die Ladungen wurden in vier Kategorien unterteilt: „flotsam" hieß das Treibgut, „jetsam" das über Bord geworfene Strandgut, „ligan" jene Ware, die gesunken, aber mit einer Boje markiert worden war, und „wreck" hieß alles, was ans Ufer gespült wurde. Wolf Rock war so gefährlich und so gewinnbringend für die Strandräuber, dass sie vor dem Bau des heutigen Leuchtturms die Höhle verbarrikadierten, damit das Heulen des Windes die Schiffsmannschaften nicht auf die gefährlichen Felsen aufmerksam machen konnte. Gründung: 1795; Bau des heutigen Turms: 1869; Turmhöhe: 41 m; Status: aktiv (automatisiert).

Rechts: Howth Pier Light, County Dublin, Irland: Dieser robuste kleine Hafenleuchtturm aus Stein war mehr als 160 Jahre lang ein beruhigender Anblick für die Seeleute, die in den Hafen einfahren wollten. Heute hat ein moderner Turm in der Nähe diese Aufgabe übernommen. Gründung: 1818; Turmhöhe: 10 m; Status: seit 1982 außer Betrieb.

Links: Roter Sand, Deutschland: So friedlich es hier auch aussehen mag, Roter Sand, einer der bekanntesten Leuchttürme Deutschlands, hat schon häufig der stürmischen Nordsee standhalten müssen. Der Bau ist eine technische Meisterleistung: Dies ist der erste Leuchtturm, der im offenen Meer auf Treibsand gebaut wurde – mit Hilfe eines Caissons. Ein Caisson ist ein großer, eiserner Kasten, der ins Wasser abgesenkt und dann im Meeresboden verankert wird. Während er in das Grundgestein gesenkt wird, werden oben zusätzliche Abschnitte hinzugefügt, sodass das obere Ende immer über dem Hochwasserpegel bleibt. Wenn er fest verankert ist, wird der Caisson mit Beton gefüllt und dient somit als Sockel des Leuchtturms. Der erste Versuch, auf diese Art ein Seezeichen am Roten Sand zu errichten, endete 1881 in einer Katastrophe: Ein gewaltiger Sturm zerbrach und versenkte den noch nicht fertigen Caisson. 1883 wurde schließlich ein neuer Caisson erfolgreich im Boden verankert, 1885 nahm der Leuchtturm den Betrieb auf. Heute kann man den Turm, der außer Betrieb ist, besuchen und in der Anlage übernachten. Gründung der Station: 1885; Turmhöhe: 28 m; Status: seit 1986 außer Betrieb.

Oben: Der Leuchtturm Westerheversand, Schleswig-Holstein, Deutschland: Der von zwei Wärterhäuschen flankierte Westerheversand ist heute ein beliebter Ort für Hochzeiten; eines der Häuser fungiert als Standesamt. Gründung: 1908; Turmhöhe: 40 m; Status: aktiv.

Rechts: Lindau, Bodensee, Deutschland: Dieser hübsche Turm am Bodensee ist ein historisches Wahrzeichen und wird noch heute genutzt, um Yachten und Segelboote in den belebten Hafen von Lindau zu geleiten. Gründung: 1856; Turmhöhe: 33 m; Status: aktiv (automatisiert).

Rechts: Leuchtturm Darßer Ort, Mecklenburg-Vorpommern, Deutschland: Darßer Ort ist eines der ältesten Seezeichen der Ostseeküste. Er ist noch heute sehr beliebt und zieht viele Besucher an, die nicht nur den atemberaubenden Blick vom Turm über die Ostsee genießen, sondern auch das im Hauptgebäude befindliche Naturkundemuseum schätzen. Gründung: 1848; Turmhöhe: 35 m; Status: aktiv (automatisiert).

Oben: Leuchtturm von Bremerhaven, Deutschland: Dieser außergewöhnlich hübsche neugotische Bau erinnert eher an einen Kirchturm oder eine Burg, doch handelt es sich um eines von mehreren Seezeichen, die im Hafen von Bremerhaven in Betrieb sind. Gründung: 1855; Turmhöhe: 37 m; Status: aktiv (automatisiert).

Rechts: Leuchtturm Lange Jaap (Langer Jupp), Den Helder, Holland: Die Niederlande mit ihrer langen und bemerkenswerten Seefahrtsgeschichte besitzen eine Vielzahl historischer Seezeichen. Heute werden sie liebevoll erhalten. Der Leuchtturm Lange Jaap ist ein klassisch eleganter Bau, 1878 errichtet vom holländischen Leuchtturmingenieur Quirinius Harder. Der 16-seitige Turm aus Gusseisen ist gemeinsam mit dem Phare Amedee, am anderen Ende der Welt in Neukaledonien, der höchste gusseiserne Leuchtturm der Erde. Gründung: 1882; Bau des heutigen Leuchtturms: 1878; Turmhöhe: 55 m; Status: aktiv (automatisiert).

Oben: List Ost auf Sylt in Schleswig-Holstein, Deutschland: Inmitten der Dünen auf der Insel Sylt ist dieser im 19. Jahrhundert von der dänischen Regierung erbaute Leuchtturm, der die Schiffe durch den Kanal zwischen Sylt und der dänischen Insel Rømø leitete, ein beliebtes Wahrzeichen. Zwar ist er noch in Betrieb, doch in Deutschland ist die Zukunft vieler historischer Seezeichen als Navigationshilfen ungewiss. Gründung: 1858; Turmhöhe: 13 m; Status: aktiv (automatisiert).

Links: Insel Ærö, Dänemark: Die Dänen, deren Tradition als Seefahrer bis zu den Wikingern zurückreicht, haben auch eine lange Geschichte im Leuchtturmwesen. 1560 wurde die Königlich Dänische Leuchtturmbehörde gegründet. Heute betreibt das Königlich Dänische Ministerium für Navigation und Hydrographie 195 Leuchttürme, darunter diesen auf der Insel Ærö.

Oben: Værøy, Lofoten, Norwegen: Der Archipel ist berühmt für sein Kabeljauvorkommen und den Stockfisch. Etwa 80 Prozent der Bevölkerung der Insel Værøy verdienen ihren Unterhalt mit dem Fischfang, daher hat dieser kleine Leuchtturm große Bedeutung für die Inselbewohner.

Links: Leuchtturm Kvitholmen bei Kristiansund, Norwegen: Kvitholmen auf dieser kleinen felsigen Insel mit den beiden eng zusammenstehenden Türmen warnt die Seefahrer vor den drohenden Gefahren der Hustadvika-Gewässer, die zu den unwegsamsten Abschnitten an der norwegischen Küste gezählt werden. Gründung: 1842; Höhe des alten Turms: 11 m; Status: aktiv (automatisiert).

Oben: Leuchtturm Kjeungskjær bei Trondheim, Norwegen: Dieses faszinierende rote Seezeichen mitten im Wasser befindet sich in der Nähe der historischen Stadt Trondheim und des malerischen Dörfchens Rørvik. Der Leuchtturm ist besonders beliebt bei Touristen, die mit dem Schiff die norwegische Küste entlang fahren. Gründung: 1880; Status: aktiv (automatisiert).

Rechts: Krossnes, Island: Der Leuchtturm Krossnes ist mit seiner gedrungenen, eckigen Form typisch für die Leuchttürme Islands. Durch das helle Orange zeichnet der Turm sich gut von der Schneelandschaft ab. Gründung: 1926; Turmhöhe: 9 m; Status: aktiv (automatisiert).

Links: Prídrangi, Island: Der hübsche, rotweiß gestrichene Prídrangi-Leuchtturm strahlt trotz seiner einsamen Lage auf diesem beeindruckenden steilen Lavafelsen inmitten des Nordatlantiks eine gemütliche und Trost spendende Atmosphäre aus. Aufgrund seiner Abgelegenheit war dieser Leuchtturm nie bemannt. Gründung: 1942; Turmhöhe: 4 m; Status: aktiv (automatisiert).

Oben: Súgandisey, Island: Dieser Miniaturleuchtturm sitzt auf den hohen Felsen an der Hafenmündung von Stykkishólmur. Er arbeitet mit der Laterne des alten Grotta-Leuchtturms von 1897 – ein gutes Beispiel für gelungene Wiederverwertung. Gründung: 1948; Turmhöhe: 3,5 m; Status: aktiv (automatisiert).

Rechts: Stórhöfði, Vestmannæyjar, Island: Der Leuchtturm Stórhöfði befindet sich auf einer vulkanischen Insel 125 Meter über dem Meeresspiegel und ist damit der am höchsten gelegene Leuchtturm Islands. Außerdem gehört er zu den wenigen Leuchttürmen Islands, die noch bemannt sind. Gründung: 1906; Turmhöhe: 7 m; Status: aktiv (bemannt).

Links: Punta Cavazzi auf der Insel Ustica, Sizilien: In Italien gibt es viele Leuchttürme, die noch aus der Römerzeit stammen. Dieser Leuchtturm steht heute über einer bei Schnorchlern und Tauchern beliebten Stelle vor der Insel Ustica, die heute als Wasserschutzgebiet ausgewiesen ist.

Oben: Leuchtfeuer an der Einfahrt zur Lagune von Venedig. Die Lagunenstadt wurde im Mittelalter zur glorreichen Seemacht und Handelsmetropole. Bis heute ist es ein Erlebnis, sich Venedig vom Wasser aus zu nähern, aber man muss genau aufpassen, damit man sich in den vielen Kanälen der Lagune nicht verirrt. Dieses Seezeichen ist eines von etlichen Navigationshilfen.

Links: El Rompido, Huelva, Spanien: Wegen der Erdkrümmung müssen die Leuchttürme selbst hoch sein oder auf einer Anhöhe stehen, um auch von großer Entfernung aus sichtbar zu sein. Dieser Leuchtturm bei El Rompido stammt aus dem 19. Jahrhundert und ist durch einen viel höheren Nachfolger (im Hintergrund) ersetzt worden. Gründung: 1861; Bau des heutigen Turms: 1975; Turmhöhe: 29 m; Status: aktiv.

Rechts: Ein steinerner Leuchtturm aus dem 18. Jahrhundert in der spanischen Provinz Murcia. Die Lichtstärke moderner Leuchttürme wird in Candelas gemessen, wobei eine Candela ungefähr einem Zweihundertstel einer 50-Watt-Glühlampe entspricht. Manche Lampen können bis zu eine Million Candelas ausstrahlen. Im frühen 18. Jahrhundert wurde ein Leuchtfeuer allerdings noch durch offenes Feuer mit Holz oder Kohlen erzeugt.

Links: Der Archipel von Cabrera im Süden der Insel Mallorca hat eine lange Tradition in der Seefahrt. Er wurde von den Phöniziern, den Griechen und Römern auf ihren Handelswegen genutzt und war auch für Piraten eine beliebte Anlaufstelle. Inzwischen geht es auf dem Archipel, der ein designierter Nationalpark ist, friedlicher zu. Der Leuchtturm bietet einen hervorragenden Blick über die vielen Vogelkolonien, für die Cabrera heute vor allem berühmt ist.

Rechts: Trafalgar, Bucht von Trafalgar, Spanien: Dieser imposante Leuchtturm auf dem Kap von Trafalgar ragt über den Schauplatz der bedeutenden Schlacht bei Trafalgar von 1805, in der während der Napoleonischen Kriege die englische Flotte die vereinte Flotte der Franzosen und Spanier besiegt hat. Der Strand in der dazugehörigen Bucht heißt „Playa de las Almas“ (Strand der Seelen) und soll an die vielen Toten erinnern, die nach der Schlacht hier an Land gespült wurden.

Oben: Chipiona, Cadiz, Spanien: In der Antike gründeten Phönizier, Griechen und Römer die Häfen von Cadiz. An der Flussmündung des Guadalquivir errichteten die Römer einen Leuchtturm nach dem Vorbild des Pharos von Alexandria. Heute wird die Stadt Chipiona von dem höchsten Leuchtturm Spaniens überragt, einem prächtigen Bau aus dem 19. Jahrhundert. Gründung unter den Römern; Bau des heutigen Turms: 1867; Turmhöhe: 63 m.

Vorherige Doppelseite: Der Leuchtturm Belem in Lissabon: Dieser prächtige Anblick im Hafen von Lissabon wurde 1515 gebaut und diente der Verteidigung des Flusses Tejo. Er erinnert an die große Zeit der portugiesischen Entdecker und Seefahrer, die für die europäischen See- und Handelsmächte die Grundsteine legten. Im Laufe der Jahrhunderte diente dieses beeindruckende Monument als Telegrafenamt, Zollamt, Gefängnis und Leuchtfeuer. Heute gehört es zum Weltkulturerbe der UNESCO.

Links: Leuchtturm auf dem Kap St. Vincent in der Algarve, Portugal: Das Seezeichen von Cabo de São Vicente, einem berühmten, in den Atlantik ragenden Kap, vor dem sich eine Reihe entscheidender Seeschlachten abgespielt haben, hat eine ehrwürdige Geschichte. Mönche entzündeten im Jahre 1515 in ihrem hier gelegenen Kloster als erste ein Leuchtfeuer. Gründung: 1846; Turmhöhe: 27 m; Status: aktiv (automatisiert).

Oben: Agiogi Theodori, Argostoli, Kefalonien: Dieses bezaubernd verspielte Seezeichen besitzt die Form eines griechischen Tempels. Es wurde 1818 erbaut und nach der Zerstörung durch ein Erdbeben 1953 wieder errichtet. Gründung: 1818; Bau des heutigen Turms: 1953; Turmhöhe: 8 m; Status: aktiv (automatisiert).

Oben: Leuchtturm von Rhodos, Kreta, Griechenland: Der 33,5 Meter hohe Koloss von Rhodos gehörte zu den sieben Weltwundern der Antike. Er überragte den Hafen und hat schon damals den Seeleuten als Leuchtfeuer gedient. Heute steht im Hafen von Mandraki die Festung St. Nicholas und in ihr das bedeutend kleinere Hafenlicht von 1863. Bau der heutigen Station: 1863; Turmhöhe: 6 m.

Rechts: Der Turm von Firkas im Hafen von Chania, Griechenland: Mit seinen unzähligen Inseln und der langen Geschichte als Seefahrernation finden sich in Griechenland natürlich viele historische Leuchttürme. Das erste Seezeichen von Chania wurde vor über 500 Jahren errichtet. Der elegante heutige Bau, der an ein Minarett erinnert, wurde im 19. Jahrhundert während einer Periode der ägyptischen Besatzung gebaut. Bau der heutigen Station: 1840; Status: außer Betrieb.

Rechts: Die Insel Pokonji Dol, Kroatien: Heute werden viele kroatische Leuchttürme als Unterkünfte von Naturliebhabern genutzt. In der Nähe des historischen Städtchens Hvar liegt dieser hübsche Leuchtturm auf der kleinen Insel Pokonji Dol, die besonders beliebt bei Kajakfahrern und Schnorchlern ist.

LEUCHTTÜRME IN NORDAMERIKA

Links: Sakonet, Rhode Island: Mit dem Bau dieses Turms in der Nähe von Little Compton wurde 1883 begonnen. Der Little-Cormorant-Felsen wurden mit Pfeilern aus Eisen und Beton verstärkt. Schwere Winterstürme verzögerten die Bauarbeiten bis 1884. Der Hilfswärter Walter Smiley wurde 1911 bei der Fahrt zu seinem Arbeitsplatz aus dem Boot geschleudert und von einem älteren Paar gerettet, das gerade am Ufer spazieren ging.

Oben: Marshall Point, Maine: Im 19. Jahrhundert war Port Clyde ein emsiger Hafen mit Fischfabriken und Reedereien. 1832 wurde der erste Leuchtturm am Marshall Point errichtet, um die Einfahrt in den Hafen von Port Clyde zu sichern. Er war sechs Meter hoch, aus Bruchstein und wurde von sieben Öllampen mit 35-cm-Reflektoren beleuchtet. Der heutige Leuchtturm stammt von 1857. Sein statisches weißes Licht war noch aus einer Entfernung von fast neun Seemeilen zu sehen. 1878 wurde ein Glockenturm mit einer imposanten, 435 kg schweren Glocke aus Bronze errichtet, die 1969 durch ein Nebelhorn ersetzt wurde. Der Steg auf dem Foto verband den Turm mit dem Wärterhäuschen; ursprünglich war er überdacht. Gründung: 1832; Bau des heutigen Leuchtturms: 1857; Turmhöhe: 9,5 m; Status: aktiv (automatisiert).

Rechts: Castle Hill; Rhode Island: Dieser friedliche Anblick verrät nichts von den Schwierigkeiten bei der Konstruktion des Leuchtturms. Das Problem waren weniger die Elemente als die starke Gegenwehr der Bevölkerung. 1874 bewilligte der Kongress 10 000 Dollar für die Errichtung einer Nebelleuchte auf dem Castle Hill in der Bucht von Narragansett, um den Schiffen den Weg durch die East Passage zu erleichtern. Der Harvard-Professor Alexander Agassiz hatte auf der Anhöhe ein Sommerhaus und wehrte sich gegen die Baupläne. Er weigerte sich, sein Land zu verkaufen, weil er kein lautes Nebelhorn in der Nähe haben wollte. 1886 kam der Vorschlag auf, zusätzlich einen Leuchtturm zu bauen. Schließlich verkaufte Agassiz der Regierung ein Stück Land, verweigerte aber den Zugang über sein Grundstück, was bedeutete, dass das Baumaterial übers Wasser herangeschafft werden musste. 1890 war der Leuchtturm fertig gestellt und das Nebelhorn eineinhalb Jahre in Betrieb, bis Agassiz durchsetzen konnte, dass es abgestellt wird. Fünf Jahre später wurde die ursprüngliche Glocke durch eine lautere ersetzt, wogegen Agassiz wiederum Beschwerde einlegte. Gründung: 1890; Turmhöhe: 10,5 m; ursprünglich mit einer Fresnel-Linse fünfter Ordnung ausgestattet; heutige Optik: 300 mm; Status: aktiv (automatisiert).

Rechts: Sandy Hook, New Jersey: 1764 von Isaac Contro entworfen und gebaut, war Sandy Hook der fünfte Leuchtturm in Nordamerika, und er ist heute der älteste noch betriebene Turm der USA. Der eindrucksvolle achteckige Steinturm hat neun Stockwerke und ist 26 Meter hoch. Während der Revolutionskriege trotzte er den Versuchen der Briten, ihn außer Gefecht zu setzen, und spendete jahrhundertelang Licht. Bei ihm handelt es sich außerdem um den ersten Leuchtturm Amerikas, der mit Glühlampen beleuchtet wurde. Ursprünglich stand er knapp 153 Meter von der Landspitze von The Hook entfernt, doch da sich die Landzunge ausgedehnt hat, steht er nun 2,5 Kilometer im Landesinneren. Gründung: 1764; Turmhöhe: 26 m; ursprünglich von 18 Lampen mit 21 Refraktoren beleuchtet; heutige Optik: Fresnel-Linse dritter Ordnung; Status: aktiv (automatisiert).

Oben: New London Ledge, Connecticut: Dieses außergewöhnliche Gebäude ist einer der letzten Leuchttürme, die in Neuengland gebaut wurden, und einer der wenigen Leuchttürme des frühen 20. Jahrhunderts, die im Wasser stehen und nicht aus Gusseisen gefertigt sind. Der New-London-Ledge-Leuchtturm wurde im französischen Empirestil gebaut, da die wohlhabenden Anwohner auf einen Turm bestanden, der zum Stil ihrer eleganten Landhäuser passen sollte. Trotz des ansprechenden Äußeren heißt es, dass es in dem Leuchtturm spukt. Angeblich geht der Geist von „Ernie“ um, einem Leuchtturmwärter, der vom Turm in den Tod gestürzt war, nachdem er erfahren hatte, dass seine Frau ihn wegen des Kapitäns der Block-Island-Fähre verlassen hat. Gründung: 1909; Turmhöhe: 17,5 m; ursprüngliche Optik: Fresnel-Linse vierter Ordnung; Optik im heutigen Leuchtturm: 190 mm; Status: aktiv (automatisiert).

Vorherige Doppelseite: Pond Island, Maine: Dieser kleine Turm steht an der Mündung des Kennebec. Um 1820 entwickelte sich Pond Island zu einem Anlegeplatz für die Passagierschiffe, die von Augusta nach Bangor fuhren. 1821 wurde ein steinerner Leuchtturm errichtet; 1855 wurde er durch den heutigen ersetzt. Die kleine, baumlose Insel ist inzwischen ein Naturreservat und der Leuchtturm dient noch immer als wichtige Navigationshilfe. Gründung: 1821; Bau des heutigen Leuchtturms: 1855; Turmhöhe: 6 m; ursprüngliche Optik: Fresnel-Linse fünfter Ordnung; heutige Optik: 250 mm; Status: aktiv (automatisiert).

Links: Block Island Southeast, Rhode Island: Dieses ungewöhnliche Seezeichen mit seinem 16 Meter hohen Turm, der von einer 16-seitigen gusseisernen Laterne gekrönt wird, ist der höchste Leuchtturm Neuenglands. Der Gebäudekomplex mit Wärterhaus ist in einer faszinierenden Mischung aus neugotischem und italienischem Stil erbaut worden, der hier um 1875 Mode war. Die Insel Block Island ist von gefährlichen Felsvorsprüngen und Untiefen umgeben, sodass man sie auch „stumbling block of the New England coast“ (Stolperstein vor der Küste Neuenglands) nannte. Dutzende Schiffe sind in dieser Küstenregion gesunken, weshalb die Leuchtturmbehörde schließlich zwei Leuchttürme errichten ließ. 1829 entstand das North Light und 1875 das Southeast Light. Aufgrund der Erosion befindet sich der Turm, der ursprünglich 91,5 Meter vom Felsvorsprung entfernt stand, heute nur noch 15 Meter davon weg. Der gesamte Gebäudekomplex wurde um 90 Meter zurückgesetzt. Gründung: 1875; 1990 außer Betrieb genommen; seit 1994 wieder im Einsatz; Turmhöhe: 16 m; ursprüngliche Optik: Fresnel-Linse erster Ordnung; heutige Optik: ebenfalls eine Fresnel-Linse erster Ordnung.

Rechts: Cape Neddick, Maine: 1879 wurde dieser Leuchtturm auf Nubble, einer kleinen, felsigen Insel östlich von Cape Neddick, gebaut, um die Mündung des Flusses York zu markieren. Seit 1807 hatten die Seeleute einen Leuchtturm gefordert. Der Legende nach werden die dortigen Gewässer vom Geisterschiff *Isidore* heimgesucht, das 1824 nördlich von Nubble gekentert war. Die Leuchtturmwärter ruderten zu ihrem Arbeitsplatz; als zusätzliches Transportmittel diente ein Eimer, der an einem Seil hing, das über den Kanal gespannt war. 1967 setzte der damalige Wärter sein Kind in den Eimer und brachte es so jeden Tag auf seinen Schulweg! Gründung: 1879; Turmhöhe: 12,5 m; Status: aktiv (automatisiert).

Links: Sankaty Head Light, Sankaty, Siasconset, Massachusetts: Der Leuchtturm von Sankaty wurde 1850 errichtet und erinnert an Nantuckets Walfangzeiten. Es war der erste Leuchtturm der USA, der die Schiffe von vornherein mit einer Fresnel-Linse sicher in den Hafen führte. Der Lichtstrahl war so stark, dass er angeblich noch aus einer Entfernung von bis zu 34 Seemeilen zu sehen war; die Seeleute aus der Umgebung nannten ihn den „flammenden Stern". Gründung: 1850; Turmhöhe: 21,5 m; ursprüngliche Optik: Fresnel-Linse zweiter Ordnung; heutige Optik: DCB 224; Status: aktiv.

Links: West Quoddy Light, Maine: Dieser auffallend bonbonfarbene Leuchtturm, an der östlichsten Spitze des US-amerikanischen Festlands gelegen, ist ein in den USA häufig abgebildetes, beliebtes Seezeichen. Kanadische Leuchttürme sind zwar häufig rotweiß gestreift, damit man sie in der verschneiten Küstenlandschaft besser sehen kann, aber in den USA sind solche Streifen selten. Der berühmte Assateague-Leuchtturm in Virginia bildet eine der wenigen Ausnahmen. Gründung: 1808; Bau des heutigen Leuchtturms: 1858; Turmhöhe:15 m; Original-Optik von 1858: Fresnel-Linse dritter Ordnung (noch heute in Betrieb).

Links: Mit der fortschreitenden Entwicklung der Beleuchtungssysteme kamen auch farbiges Glas und Drehlinsen zum Einsatz. Dadurch nahmen die Aufgaben der Leuchttürme zu, die durch die vielen zusätzlichen, ganz unterschiedlichen Signale noch bessere Navigationshilfen darstellten.

Oben: East Point, New Jersey: 1849 wurde dieser Leuchtturm an der Mündung des Flusses Maurice gebaut, um den Austernfischern bei ihrer Fahrt durch die Delaware-Bucht zu helfen. Nach gut 100 Jahren wurde der Betrieb eingestellt, der Leuchtturm verfiel. Juristische Streitigkeiten um das Eigentumsrecht folgten und 1971 legten Brandstifter Hand an das Gebäude. Doch dank der Bemühungen der Maurice River Historical Society wurde der Leuchtturm restauriert und seit 1980 ist er wieder in Betrieb. Gründung: 1852; Turmhöhe: 12 m; ursprüngliche Optik: Fresnel-Linse sechster Ordnung; heutige Optik: 250 mm; Status: aktiv (seit 1911 automatisiert, 1941 außer Betrieb genommen, 1980 restauriert und wieder in Betrieb genommen).

Rechts: Bass Harbor Head, Maine: Auf Mount Desert, einer malerischen Insel, wurde dieser nüchtern weiße Leuchtturm 1858 gebaut, um die Seeleute vor dem Riff zu warnen, das an der östlichen Einfahrt zum Hafen von Bass liegt. Ein Nebelhorn und ein Glockenturm wurden 1876 hinzugefügt und 1898 nochmal erneuert. Heute ist der Leuchtturm, obwohl man ihn nicht von innen besichtigen kann, eine beliebte Touristenattraktion. Gründung: 1858; Turmhöhe: 10 m; ursprüngliche Optik: Fresnel-Linse fünfter Ordnung; heutige Optik: Fresnel-Linse vierter Ordnung von 1902; Status: aktiv (automatisiert).

Folgende Doppelseite: Portland Head, Portland, Maine: Dieser Aufsehen erregende neuenglische Leuchtturm wurde 1791 am Cape Elizabeth gebaut, um die Einfahrt zum damals sehr belebten Hafen von Portland zu markieren. Präsident George Washington ernannte Kapitän Joseph Greenleaf, einen Bürgerkriegsveteran, zu seinem ersten Wärter. Den amerikanischen Dichter Henry Wadsworth Longfellow inspirierte der Turm zu dem Gedicht *The Lighthouse* (Der Leuchtturm):

> „The rocky ledge runs far into the sea
> And on its outer point, some miles away,
> The lighthouse lifts its massive masonry
> A pillar of fire by night, of cloud by day."
> (Der Felsenarm erstreckt sich weit ins Meer,
> Und auf dem Rand, dem äußersten, erschau'
> Ich des Fanals gewalt'gen Quaderbau,
> Der Tags sein Haupt verbirgt im Wolkenmeer.)

Gründung der Station: 1791; Turmhöhe: 24,5 m; ursprüngliche Optik: Fresnel-Linse vierter Ordnung; heutige Optik: DCB 224.

Rechts: Montauk Point, Long Island, New York: Der massive, gut 33 Meter hohe Turm ist der älteste Leuchtturm im Staat New York und noch heute in Betrieb. Nachdem der Zweite Kongress unter Präsident George Washington 1792 seinem Bau zugestimmt hatte, begannen im Juni 1796 die Bauarbeiten; am 5. November desselben Jahres war der Turm fertig gestellt. Aufgrund seiner Lage am östlichen Ende von Long Island war er das erste Gebäude, das Millionen Emigranten auf ihrem Weg nach New York von der Neuen Welt zu sehen bekamen. Gründung: 1796; erstmals befeuert: 1797; Turmhöhe: 33,5 m; ursprüngliche Optik: 13 Tranöllampen; heutige Optik: DCB-224 von 1987; Status: aktiv (automatisiert).

Oben: Sandy Point Shoal, Skidmore, Maryland: Dieser ungewöhnliche, achteckige Leuchtturm im Empirestil steht in der Bucht von Chesapeake und dient noch heute als Navigationshilfe. Der Backsteinbau ruht auf einem hölzernen Caisson und ist ein prächtiges Beispiel für die technischen Leistungen, die beim Bau in tiefen Gewässern erforderlich waren. Gründung: 1883; Turmhöhe: 11 m; ursprüngliche Optik: Fresnel-Linse vierter Ordnung; heutige Optik: 300 mm solarbetrieben; Status: aktiv (automatisiert).

Rechts: Old Stage Harbor, Chatham, Cape Cod, Massachusetts: Diesen Leuchtturm in Cape Cod, der 1880 errichtet wurde, um den Schiffen den Weg in den Hafen von Old Stage zu weisen, hat eine tragische Geschichte: 1918 hat sich hier der Leuchtturmwärter Gunderson das Leben genommen; 1933 wurde der Leuchtturm stillgelegt und durch ein automatisch betriebenes Seezeichen ersetzt.

Links: Portsmouth, Fort Constitution, New Castle, New Hampshire: Der Leuchtturm von 1878 steht an der Mündung des Flusses Piscataya. Ursprünglich war die Station bereits 1771 mit einem 15 Meter hohen Leuchtturm aus Holz gegründet worden. Der heutige Turm ist aus solidem Gusseisen gefertigt und ein typisches Beispiel für die von der amerikanischen Leuchtturmbehörde entworfenen, robusten und pflegeleichten Leuchttürme der USA.

Oben: Bug Light, Long Beach Bar, Long Island: Weil er auf seinen Stelzen einem Wasserkäfer ähnelt, wird dieser Turm liebevoll „bug light" (Käferlicht) genannt. Der Turm ist ein Nachbau des Originals aus dem 19. Jahrhundert, das 1963 einem Brandanschlag zum Opfer fiel. 1911 lief das Dampfschiff *Shinnecock* in dichtem Nebel ganz in der Nähe des Leuchtturms auf Grund, weil der Wärter nachlässig gewesen war und das Nebelhorn nicht rechtzeitig betätigt hatte. Glücklicherweise überlebten alle Passagiere. Doch dieses Unglück führte einmal mehr vor Augen, wie wichtig es war, einen pflichtbewussten und aufmerksamen Leuchtturmwärter einzusetzen. Gründung: 1871, 1948 außer Betrieb genommen, 1963 abgebrannt, 1990 wiedererrichtet und in Betrieb genommen; ursprüngliche Optik: Fresnel-Linse fünfter Ordnung; heutige Optik: 250 mm; Status: aktiv (automatisiert).

Links: Die Grand Haven South Pier, Hafenzeichen am Lake Michigan: Diese zauberhaften Leuchttürme stehen am Ende eines Stegs, der etwa 335 Meter in den Michigan-See hineinragt. Sie sind Teil einer ganzen Reihe von Leuchttürmen, die die Schiffe entlang der Ufer des Lake Michigan leiten. Die Leuchten in den zwei Türmen sind auf unterschiedlichen Höhen angebracht, damit die Schiffe sich in direkter Linie nacheinander dem Hafen nähern können. Gründung: 1839; Schließung 1905; Höhe des Turms hinten: 11 m; Höhe des vorderen Turms: 15,5 m; ursprüngliche Optik: Fresnel-Linse sechster Ordnung; heutige Optik: außen 250 mm, innen 190 mm; Status: aktiv (automatisiert).

Folgende Doppelseite: Split Rock am Lake Superior; Minnesota: Von seinem spektakulären Standpunkt auf einer schroffen Klippe aus überblickt der Split-Rock-Leuchtturm den Lake Superior. Er wurde errichtet, um den Frachtschiffen, die mit Eisenerz beladen waren, den Weg zu weisen, und ist eine Hommage an die Ausdauer und das Geschick der Männer, die ihn gebaut haben. Ralph Russell Tinkhorn, der Bauleiter dieses Projekts, wurde später Chefingenieur des US-Leuchtturmwesens. Gründung: 1910; Turmhöhe: 16,5 m; ursprüngliche Optik: Fresnel-Linse dritter Ordnung; Status: seit 1969 außer Betrieb.

Oben: Grosse Point, Illinois: Der historische Leuchtturm von Grosse Point entstand im Zuge der wachsenden Industrialisierung von Chicago in den Jahren um 1870. Die Fabrikschlote der Stadt produzierten so viel Rauch, dass die Schifffahrt auf dem Lake Michigan eine gefährliche Angelegenheit wurde. Der Ingenieur Orlando M. Poe bekam den Auftrag, einen Leuchtturm zu bauen – am Grosse Point, einem großen Vorsprung 21 Kilometer nördlich des Hafens von Chicago. Der prächtige Bau aus cremefarbenen Ziegelsteinen ist repräsentativ für die Leuchttürme an den Großen Seen; heute befindet sich dort ein Schifffahrtsmuseum. Gründung: 1873; Turmhöhe: 34,5 m; Status: 1941–1946 inaktiv, heute reaktiviert und privat betrieben (automatisiert).

Oben: Grand Island East Channel, Michigan: Diese hölzerne Konstruktion, eine Kombination aus Wärterhaus und Leuchtturm, ist typisch für die Großen Seen. Die Landmarke war ursprünglich weiß angestrichen. Wegen seiner Lage direkt am Ufer erwies sich der Erhalt als problematisch und so wurde der Turm 1908 außer Betrieb genommen; heute ist er nur noch ein verkümmerter Schatten seiner selbst. Gründung: 1868; Turmhöhe: 14 m; Status: außer Betrieb.

Links: Old Mackinac Point, Mackinaw City, Michigan: Dieser prächtige, an ein Schlösschen erinnernde Bau wurde nach vielen Verzögerungen errichtet, um die Schiffe durch die nebelige Meerenge von Mackinac zu navigieren. Mit der Einweihung der beleuchteten Mackinac-Brücke im Jahre 1957 wurden die Autofähren, die für ihren Betrieb auf den Leuchtturm angewiesen waren, überflüssig, sodass auch der Leuchtturm noch im selben Jahr den Betrieb einstellte. Heute befindet sich dort ein Museum. Gründung: 1890; erstmals befeuert: 1892; Turmhöhe: 12 m; ursprüngliche Optik: Fresnel-Linse vierter Ordnung; Status: außer Betrieb.

Oben: Holland Harbor, Holland, Michigan: Warum dieses Wahrzeichen der Gegend, dessen spitze Giebel vom niederländischen Einfluss in dieser Region zeugen, „Big Red“ (großer Roter) genannt wird, erklärt sich von selbst. Der leuchtend rote Anstrich entsprach den Anforderungen der „Red-Right-Return“-Norm, die besagte, dass alle Navigationshilfen, die rechts von einer Hafeneinfahrt liegen, rot sein sollten. Gründung: 1870; Turmhöhe: 10 m; ursprüngliche Optik: Fresnel-Linse vierter Ordnung; heutige Optik: 250 mm; Status: aktiv (automatisiert).

Links: Cape Hatteras, North Carolina: Der mit beeindruckenden 59 Metern höchste Leuchtturm der USA überblickt seit 1870 die berüchtigte Meerenge der Diamond Straits. Wegen der starken Erosion an der Küste befand sich der Turm, der ursprünglich knapp 500 Meter im Landesinneren lag, 1987 nur noch 36 Meter von der Küste entfernt. Durch eine technische, baulich substanzielle Meisterleistung wurde der Turm 1999 erfolgreich um 800 Meter ins Landesinnere versetzt, und zwar auf Rollen. Dieser Leuchtturm ist ein beliebtes Wahrzeichen der USA. Gründung: 1797; Bau des heutigen Turms: 1870; Turmhöhe: 59 m; ursprüngliche Optik: Fresnel-Linse erster Ordnung; heutige Optik: DCB-24.

Folgende Doppelseiten: Biloxi, Mississippi: Der zweitälteste gusseiserne Leuchtturm der USA hat heute einen sehr ungewöhnlichen Standort, nämlich mitten auf dem Highway 90. Er ist auch deshalb berühmt, weil eine große Zahl von Wärterinnen ihn betrieben hat: zunächst Mary Reynolds (Wärterin von 1854 bis 1866), dann Maria Younghans, die immerhin 51 Jahre Dienst tat (Wärterin von 1867 bis 1918), und dann ihre Tochter Miranda Younghans (Wärterin von 1919 bis 1929). Gründung: 1848; Turmhöhe: 18,5 m; ursprüngliche Optik: Fresnel-Linse fünfter Ordnung; heutige Optik: Fresnel-Linse vierter Ordnung von 1926; Status: aktiv (automatisiert).

Links: Key West, Florida: Dieser schöne Leuchtturm ist heute ein Museum. Er erinnert an die historische Bedeutung von Key West als Vorposten für den Seehandel zwischen dem Atlantik und dem Golf von Mexiko. Der jetzige Turm hat schon einige schwere Stürme überstanden; sein Vorgänger war 1846 bei einem Hurrikan umgestürzt. Gründung: 1826; Bau des heutigen Turms: 1848; ursprüngliche Optik: drei Argand-Lampen mit 53-cm-Reflektoren; Status: außer Betrieb.

Oben: Sombrero am Sombrero Coral Reef, Marathon, Florida: Hoch über dem Korallenriff erhebt sich diese ungewöhnliche Gitterkonstruktion aus Schmiedeeisen und Holz, die höchste der einzigartigen Riffleuchten in den Keys von Florida. Die so genannten „screw-pile lighthouses" von Florida, Leuchttürme, die auf zumeist stählernen Schraubpfählen stehen, sind weltberühmt. Gründung: 1858; Turmhöhe: 47,5 m; ursprüngliche Optik: Fresnel-Linse erster Ordnung; heutige Optik: VRB-25 Drehlinse.

Links: Cape Florida, Key Biscayne, Florida: So friedlich der Leuchtturm auch aussehen mag, er hat stürmische Zeiten erlebt. Zwischen 1836 und 1846 fiel der erste Turm, der hier errichtet war, den wütenden Angriffen der Seminole-Indianer zum Opfer. Der heutige Turm, 1846 erbaut, wurde während des Bürgerkriegs 1861 beschädigt und erst 1867 wieder beleuchtet. Doch trotz aller Wechselfälle ist der Leuchtturm noch heute in Betrieb. Gründung: 1825; Bau des heutigen Turms: 1846; ursprüngliche Optik: 17 Argand-Lampen mit 53-cm-Reflektoren; heutige Optik: 300 mm; Status: aktiv (automatisiert).

Rechts: Tybee Island, Georgia: Der auffällig schwarzweiß gestreifte Leuchtturm von Tybee Island markiert die Mündung des Flusses Savannah. Der erste Leuchtturm, 1736 erbaut, war beeindruckende 27,5 Meter hoch und somit damals das höchste Gebäude seiner Art in Amerika. Er wurde jedoch 1841 von einem Sturm umgerissen. Der Ersatzturm, 1773 fertig gestellt, wurde im Bürgerkrieg von den Konföderierten zerstört, die verhindern wollten, dass die Unionstruppen die Landmarke nutzten. Der heutige Leuchtturm stammt von 1867; die unteren 18 Meter bestehen aus den Fundamenten des Turms von 1773. Gründung: 1736; Bau des heutigen Turms: 1867; Turmhöhe: 44 m; ursprüngliche Optik: Öllampen; heutige Optik: Fresnel-Linse erster Ordnung; Status: aktiv (automatisiert).

Links: Port Wilson, Washington: Dieser klassische Leuchtturm steht an der Stelle, wo der Hauptschifffahrtskanal enger wird und in die Meerenge Puget Sound mündet. 1865 stiftete Kapitän J. W. Sheldon der örtlichen St. Paul's Episcopal Kirche eine Schiffsglocke mit der Bitte, dass sie an nebeligen Tagen geläutet würde, um die Schiffe zu warnen. Zunächst wurde ein mit Dampf betriebenes Nebelhorn eingesetzt und später der noch heute aktive Leuchtturm gebaut. Gründung: 1879; Bau des heutigen Leuchtturms: 1914; Turmhöhe: 15 m; Optik: Fresnel-Linse vierter Ordnung; Status: aktiv (automatisiert).

Rechts: Heceta Head nördlich von Florence, Oregon: Mit einer Höhe von 62,5 Metern über dem Meeresspiegel ist der Leuchtturm von Heceta der hellste an Oregons Küste und kann noch in einer Entfernung von 18 Seemeilen gesehen werden. Um oben auf den Klippen eine ebene Fläche für den Bau zu schaffen, wurden rund 120 000 kg Sprengstoff benötigt. Gründung: 1894; Turmhöhe: 17 m; Optik: Fresnel-Linse erster Ordnung; Status: aktiv (automatisiert).

Vorherige Doppelseite: Pointe Vicente, Rancho Palos Verdes, Kalifornien: Dieser bezaubernde Leuchtturm im spanischen Stil ist bemerkenswert, weil er nach wie vor mit der ursprünglichen Fresnel-Linse dritter Ordnung beleuchtet wird. Die strahlkräftigen Lampen mit vielen Prismen, die der Franzose Augustin Jean Fresnel 1822 erfand, haben rund um den Globus das Leuchtturmwesen revolutioniert. Gründung der Station: 1926; Turmhöhe: 20,5 m; Status: aktiv (automatisiert).

Links: Los Angeles Harbor Light bzw. Angel's Gate, San Pedro, Los Angeles: Dieser außergewöhnliche, vertikal gestreifte Hafenturm ist ein beliebtes Wahrzeichen Kaliforniens. Es bietet drei Wärtern Platz; manche behaupten, es wären drei nötig, damit, wenn zwei sich streiten, der dritte sie trennen kann. Gründung: 1913; Turmhöhe: 21 m; ursprüngliche Optik: Fresnel-Linse vierter Ordnung; heutige Optik: DCB-24, solarbetrieben; Status: aktiv (automatisiert).

Rechts: Rainbow Harbor Light, Long Beach, Kalifornien: Dieser schmale, klassisch wirkende Leuchtturm ist eine Rarität, denn er wurde erst im Jahr 2000 gebaut, und zwar zum Großteil aus Spendengeldern. Gründung 2000; Turmhöhe: 20 m; Status: aktiv (automatisiert).

Rechts: Cape Blanco, Curry County, Oregon: Dieser weiße, kegelförmige Leuchtturm aus Backstein ist das dienstälteste Seezeichen Oregons; heute ist der malerische Turm ein beliebtes Ausflugsziel. Gründung: 1870; Turmhöhe: 18 m; ursprüngliche Optik: Fresnel-Linse erster Ordnung; heutige Optik: Fresnel-Linse zweiter Ordnung; Status: aktiv.

Oben und rechts: Pigeon Point, Kalifornien: Die elegante Wendeltreppe aus Schmiedeeisen hat 136 Stufen und befindet sich im 35 Meter hohen Turm des 1871 errichteten Pigeon-Point-Leuchtfeuers. Seinen Namen hat die Station von dem Klipper *Carrier Pigeon*, der an den nahe gelegenen Felsen zerschellte, woraufhin der Leuchtturm gebaut wurde. Gründung: 1871; Turmhöhe: 35 m; ursprüngliche Optik: Fresnel-Linse erster Ordnung; heutige Optik: DCB-24; Status: aktiv (automatisiert).

Links: Peggy's Cove, Nova Scotia, Kanada: Wegen seiner außergewöhnlichen Lage inmitten dramatischer Granitformationen gehört Peggys Cove zu den beliebtesten Fotomotiven. Außerdem ist er der einzige Leuchtturm Nordamerikas, der gleichzeitig auch als Postamt dient. Gründung: 1868; Bau des heutigen Turms: 1915; Turmhöhe: 13 m; Status: aktiv (automatisiert).

Oben: Gannet Rock, New Brunswick, Kanada: Das zweitälteste noch funktionierende Seezeichen Kanadas wurde 1831 südlich der Insel Grand Maman errichtet. Sein Wärter war der berühmte Walter McLoughlan, der von 1853 bis 1880 hier seine Arbeit verrichtete und dessen Tagebücher einen Einblick in das einsame Leben eines Leuchtturmwärters gewähren. Gründung: 1831; Turmhöhe: 22 m; Status: aktiv (automatisiert).

Rechts: Oak Point am St.-John-Fluss, New Brunswick, Kanada: Die Form dieses malerischen Turms erinnert an einen Salzstreuer. Der höchste Leuchtturm am St. John wurde 1902 errichtet und ist noch heute in Betrieb. Gründung: 1869; Bau des heutigen Turms: 1902; Turmhöhe: 14,5 m; Status: aktiv.

Oben: Old Cape Spear, Neufundland, Kanada: Old Cape Spear steht an der östlichsten Spitze Nordamerikas und war der erste von der Leuchtturmbehörde Neufundlands in Auftrag gegebene Bau. Der Turm steht beeindruckende 91,5 Meter über dem Meeresspiegel und leitet die Schiffe in den Hafen von St. John. 1955 wurde er durch einen neuen Leuchtturm ersetzt; heute dient er als Besucherzentrum. Gründung: 1836; Status: außer Betrieb (Bau eines neuen Leuchtturms: 1955).

DANGER
KEEP OUT

Vorherige Doppelseite: Le Martre, Quebec, Kanada: Dieser hübsche rote Leuchtturm, der die Schiffe am mächtigen St.-Lawrence-Strom begrüßt, ist der einzige Leuchtturm in Quebec, der nicht automatisiert ist, sondern durch Gewichte und Kabel mechanisch betrieben wird. Heute fungiert das Wärterhaus als Rathaus: Auch eine Idee, wie Gemeinden ihre ausgedienten Leuchttürme umfunktionieren und mit neuem Leben erfüllen können. Gründung: 1876; Bau des heutigen Turms: 1906; Turmhöhe: 19 m; Status: aktiv (bemannt).

Links: Cape Tryon auf Prince Edward Island, Kanada: Obwohl Prince Edward Island die kleinste der zehn kanadischen Provinzen ist, gibt es auf dieser Insel stolze 44 Leuchttürme, die alle noch in Betrieb sind. Dieser eckige, mit Schindeln verkleidete Turm wurde 1969 errichtet. Gründung: 1905; Bau des heutigen Turms: 1969; Turmhöhe: 12 m; Status: aktiv.

Oben: Harbor Head (East Quoddy Head) auf Campobello, New Brunswick, Kanada: Dieser Leuchtturm, auf dem das St.-Georgs-Kreuz prangt, steht auf einer kleinen Insel im Norden von Campobello. Gründung: 1829; Status: aktiv (automatisiert).

Links: Covehead, Prince Edward Island, Kanada: Inmitten der malerischen Dünenlandschaft der Insel Prince Edward sind Leuchttürme wie dieser rot abgesetzte eine beliebte Touristenattraktion. Gründung: 1967; Bau des heutigen Turms: 1976; Turmhöhe: 8 m; Status: aktiv (automatisiert).

Links: Big Tub, Tobermory, Lake Huron, Ontario, Kanada: In den Jahren um 1870 soll ein Siedler namens Charles Earl hier eine Laterne aufgehängt haben, um den Schiffen die Einfahrt in den Hafen von Big Tub zu erleichtern. Wo damals die Laterne an einem Baum hing, steht heute dieser ansprechende Turm. Gründung: 1885; Bau des heutigen Turms: 1913; Turmhöhe: 12,5 m; Status: aktiv (automatisiert).

Oben: Amphitrite, Ucluelet, Vancouver Island, Kanada: Die Küste von Vancouver Island gilt wegen ihrer steilen Klippen, der gefährlichen Unterwasserriffs und der starken Strömung auch als „Friedhof des Pazifik". Mit dem Aufkommen des industriellen Walfangs sowie der fisch- und holzverarbeitenden Industrie wurden Warnlichter immer wichtiger. Der erste Leuchtturm an dieser Stelle wurde 1914 von einer Flutwelle weggespült und schnell durch diese stufenförmige Konstruktion ersetzt. Gründung: 1906; Bau des heutigen Turms: 1914; Status: aktiv (automatisiert).

LEUCHTTÜRME IN DER RESTLICHEN WELT

Rechts: Gibbs Hill, Southampton Parish auf den Bermudas: Gibbs Hill ist der älteste gusseiserne Leuchtturm der Welt. Auf dem höchsten Punkt einer Anhöhe gelegen, ist er noch aus einer Entfernung von 35 Seemeilen zu sehen. 2003 wurde er durch den Hurrikan Fabian beschädigt: Das Quecksilber, auf dem die Laterne wie anno dazumal gelagert wurde, war übergelaufen. Inzwischen ist der Turm renoviert worden; die unersetzbare Linse von 1904 ruht nun auf einem Kugellager, damit sie nach wie vor rotieren kann. Gründung: 1844; Turmhöhe: 35,5 m; Status: aktiv (automatisiert).

Links: Willemstoren, Insel Bonaire, Niederländische Antillen: Die heutige Navigationshilfe wurde 1831 errichtet und sollte die sichere Landung der Salzschiffe garantieren. Gründung: 1831; Turmhöhe: 21 m; Status: aktiv (automatisiert).

Folgende Doppelseite: Diamond Head, Honolulu, Hawaii: Obwohl Hawaii zu den Vereinigten Staaten gehört, zählen die Leuchttürme dieser Insel zum Erbe der Pazifischen Inseln. An der östlichen Spitze des Waikiki Beach gelegen, ist Diamond Head heute ein malerischer Anziehungspunkt. Der Name geht auf das Jahr 1820 zurück, als Seeleute glaubten, in dem Vulkanberg Diamanten gefunden zu haben: Doch waren es in Wirklichkeit nur klare Kalkspatkristalle. Gründung: 1899; Bau des heutigen Turms: 1917; Turmhöhe: 17,5 m; Status: aktiv (automatisiert).

Links: Castillo del Morro, Havanna, Kuba: Dieser mächtige Turm ist ein berühmtes Wahrzeichen des Hafens von Havanna. Er steht in der Festungsanlage Castillo del Morro, die der Verteidigung Kubas diente, an der Stelle eines früheren Hafenzeichens, das die Briten 1762 bei einer Attacke auf die Festung zerstört haben. Bau des heutigen Turms: 1845; Turmhöhe: 25 m; Status: aktiv.

Oben: La Serena, Chile: Chile besitzt mehr als 4000 Kilometer Küste, die zum größten Teil ausgesprochen gefährlich ist. Viele Leuchttürme säumen sie daher, darunter der Turm La Serena, der wie eine Burg aussieht. Die chilenische Marine kümmert sich um den Erhalt der historischen Leuchttürme, außerdem werden nach wie vor neue Leuchtfeuer errichtet. Gründung: 1950; Turmhöhe: 25 m; Status: aktiv.

Rechts: Islotes Les Eclaireurs bei Ushuaia, Argentinien: Dieser kleine, fröhliche Leuchtturm, der durch die schneebedeckten Gipfel im Hintergrund noch winziger wirkt, befindet sich im Beagle Kanal, benannt nach dem Schiff, auf dem der Naturwissenschaftler Charles Darwin dieses Gewässer bereiste. Er markiert die Einfahrt nach Ushuaia, der südlichsten ständig bewohnten Stadt der Welt.

Rechts: Puerto San Juan, Puerto Rico: Das älteste Seezeichen von Puerto Rico verfügt über einen wunderschönen, im maurischen Stil gehaltenen Turm und steht auf der Wehranlage von El Morro an der Einfahrt zum Hafen von San Juan. Gründung: 1846; Bau des heutigen Turms: 1908; Turmhöhe: 15,5 m; Status: aktiv.

Links: Forte da Barra, Salvador, Brasilien: Die Wehranlage Santo Antonio da Barra an der brasilianischen Küste legt Zeugnis ab von der turbulenten Geschichte dieses Landes und den Auseinandersetzungen der Niederländer und Portugiesen um die Herrschaft über Salvador. Heute geht es hier deutlich friedlicher zu: Die Anlage beherbergt nun ein Meereskundemuseum sowie den Leuchtturm aus dem 19. Jahrhundert, der noch betrieben wird. Gründung: 1698; Bau des heutigen Turms: 1839; Turmhöhe: 39 m; Status: aktiv.

Links: Praia do Forte, Salvador, Brasilien: Anmutige Palmen rahmen den schlanken weißen Leuchtturm von Praia do Forte, der den Fischerbooten dieses malerischen Küstendorfes den Weg weist. Turmhöhe: 25 m; Status: aktiv.

Links: South Point auf Barbados: Der erste Leuchtturm der Insel Barbados wurde zunächst 1851 auf der Weltausstellung in London gezeigt und anschließend nach Barbados verschifft, das damals zur englischen Krone gehörte. An der Südspitze der Insel hat man den Turm dann wieder zusammengesetzt. Der lange vernachlässigte Leuchtturm wurde kürzlich generalüberholt und neu gestrichen. Gründung: 1852; Turmhöhe: 27 m; Status: aktiv.

Rechts: Cabo do São Roque, Brasilien: Entlang der langen Küste Brasiliens befinden sich zahlreiche Leuchttürme, darunter diese ungewöhnlich moderne Konstruktion: ein rotweiß gestreifter, eckiger Turmmast. Turmhöhe: 32 m; Status: aktiv.

Rechts: Kap Ashizuri, Shikoku, Japan: Auf der südlichsten Spitze der Insel Shikoku, die heute ein Nationalpark ist, steht dieser schmale weiße Leuchtturm – heute eine Touristenattraktion. Der schottische Ingenieur Richard Henry Brunton kam im 19. Jahrhundert auf Empfehlung der Stevensons hierher und wurde Japans leitender Leuchtturmingenieur. Er leitete den Bau von mehr als 50 Leuchttürmen entlang der japanischen Küste und gründete eine technische Schule für Leuchtturmwesen. Noch heute ist er in Japan als „Vater der japanischen Leuchttürme" bekannt.

Oben: Kovalum, Kerala, Indien: Der Leuchtturm von Kovalum ist nicht nur eine beliebte Sehenswürdigkeit, er leitet auch heute noch die Fischer sicher an Land. Indien besitzt mit seinen mehr als 11 000 Kilometern Küste viele historische Leuchttürme. Zunächst war das indische Leuchtturmwesen jedoch eine rein regionale Angelegenheit. Erst 1927 wurde der Bau der Seezeichen auf dem ganzen Subkontinent zentralisiert.

Links: Leuchtturm auf Amadee bei Noumea, Neukaledonien, Südpazifik: Die interessante Geschichte dieses schmucken Leuchtturms, der die kleine Insel Amadee dominiert, geht zurück auf die Zeit, als die Franzosen im Pazifik Kolonialherren waren. Nach dem Verlust vieler Schiffe an der Einfahrt zur Lagune von Noumea befahl die französische Regierung den Bau eines Leuchtturms. Der gusseiserne Turm wurde in Paris in der Werkstatt von Monsieur Rigolet gebaut, dann in 1265 Einzelteilen nach Neukaledonien transportiert und dort wieder aufgebaut. Bis heute hält sein Zwillingsbruder am anderen Ende der Welt Wache, im französischen Roche sur Douvres. Gründung: 1865; Turmhöhe: 56,5 m; Status: aktiv.

Oben: Point Venus, Tahiti, Polynesien: Am Point Venus haben viele Forschungsreisende Halt gemacht, darunter auch Kapitän Cook. Dieser hübsche weiße Leuchtturm ist das Werk des schottischen Ingenieurs Thomas Stevenson, dem Vater des Schriftstellers Robert Louis Stevenson. Das berühmte Wahrzeichen von Tahiti wurde 1963 restauriert und erweitert.

Rechts: Cape Reinga auf North Island, Neuseeland: Wegen seiner spektakulären Lage ist Cape Reinga der bekannteste Leuchtturm von Neuseeland. Obwohl der Turm, der nach Nordosten den Pazifik und nach Nordwesten die Tasmanische See überblickt, nur zehn Meter hoch ist, kann man ihn aufgrund seiner Lage hoch über dem Meeresspiegel aus einer Entfernung von bis zu 26 Seemeilen sehen. Gründung: 1941; Turmhöhe: 10 m; Status: aktiv (automatisiert).

Links: Cape Brett auf North Island, Neuseeland: Im Jahr 1808 erlitt die *Paramatta* bei starkem Seegang vor Cape Brett Schiffbruch, als sie gegen die Felsen getrieben wurde. Dies war die erste Schiffstragödie Neuseelands. Hier einen Turm zu errichten, war eine große Herausforderung: Die auf Neuseeland hergestellten gusseisernen Segmente wurden auf Booten an die Baustelle transportiert und dann mit einer Seilwinde auf den 150 Meter hohen Felsen gehievt. Der historische Leuchtturm wurde stillgelegt; heute hat ein vier Meter hohes Seezeichen aus Fiberglas seine Arbeit übernommen. Gründung: 1910; Turmhöhe: 15 m; Status des historischen Turms: seit 1978 außer Betrieb.

Rechts: Robertson's Point im Hafen von Sydney, New South Wales, Australien: Dieser schlichte kleine Leuchtturm ist eines von zehn Hafenzeichen, die bei der Navigation im Hafen von Sydney behilflich sind. Gründung: 1910; Turmhöhe: 8 m; Status: aktiv (automatisiert).

Rechts: Cape du Couedic, Kangaroo Island, Südaustralien: Der imposante Leuchtturm aus Sandstein ist ein historisches Juwel, da der gesamte Komplex noch vollständig erhalten ist. Er wurde gebaut, nachdem zahlreiche Menschen in den trügerischen Untiefen rund um die Insel ihr Leben lassen mussten. Für den Bau des Turms wurde das Material von einer schwimmenden Plattform aus durch an einem Seilzug befestigte Körbe auf die Klippe geschafft. Nicht nur Waren, sondern auch die Wärter und ihre Familien mussten auf diese riskante Weise zum Leuchtturm gebracht werden. Gründung: 1909; Turmhöhe: 25 m; Status: aktiv (automatisiert).

Oben: Mersey Bluff, Devonport, Tasmanien, Australien: Leuchttürme warnen vor Gefahren und dienen als Navigationshilfen. Durch unterschiedliche Farbe und Blinkfrequenz des ausgesendeten Lichts kann man die Türme voneinander unterscheiden. Tagsüber helfen Tagessichtzeichen (Größe, Form und Bemalung der Türme) den Seeleuten bei der Orientierung. Dieser elegante Leuchtturm ist an seinen außergewöhnlichen senkrechten roten Streifen zu erkennen. Gründung: 1889; Turmhöhe: 15,5 m; Status: aktiv (automatisiert).

Rechts: Cape Agulhas, Südafrika: Man sagt, der imposante Leuchtturm sei dem Vorbild des Pharos von Alexandrien, des ersten Leuchtturms überhaupt, nachempfunden worden. Er steht auf der südlichsten Spitze Afrikas, auf Cape Agulhas (den Namen „Kap der Nadeln" erhielt die Landspitze von dem portugiesischen Seefahrer Bartolomeu Diaz). Der Sandsteinbau begann zu verwittern, weshalb der Turm zwischen 1968 und 1988 außer Betrieb gesetzt war, doch inzwischen wurde er auf Betreiben der örtlichen Gemeinde renoviert und ist wieder aktiv. Gründung: 1849; Turmhöhe: 27 m; Status: aktiv (automatisiert).

Rechts: Seal Point, Cape St. Francis, Südafrika: Der beeindruckende Leuchtturm Seal Point auf dem Kap St. Francis ist der höchste steinerne Leuchtturm Südafrikas und ein nationales Denkmal. Da Leuchttürme zu den ältesten Gebäuden des Landes zählen, sind sie heute für den Tourismus von großer Bedeutung. Es gibt viele Veranstalter, die Ausflüge zu einem Leuchtturm anbieten, einschließlich Übernachtung in einem Leuchtturmwärterhaus. Gründung: 1878; Turmhöhe: 28 m; Status: aktiv (bemannt).

Oben: Green Point, Kapstadt, Südafrika: Dieser älteste Leuchtturm Südafrikas, errichtet 1824, dient noch heute dem Schiffsverkehr. Zu den vielen dramatischen Ereignissen, die sich hier abspielten, gehört jenes von 1966, als die *S. A. Seafarer* zu Füßen des Leuchtturms auf Grund lief. Das Drehlinsensystem wurde ausgeschaltet und der Lichtstrahl stattdessen auf das Schiff gerichtet, damit die Hubschrauberbesatzung bessere Sichtverhältnisse hatte, um die Passagiere und die Crew in Sicherheit bringen zu können. Gründung: 1824; Turmhöhe: 16 m; Status: aktiv (automatisiert).

Folgende Doppelseite: Leuchtturm Ras Taguernes von Djerba, Tunesien: Dramatisch hebt sich der anmutige Turm von Ras Taguernes auf der Insel Djerba gegen den roten Himmel ab. Er stammt noch aus den Zeiten der französischen Kolonialherrschaft und ist bis heute eine wichtige Navigationshilfe. Gründung: 1895; Turmhöhe: 49 m; Status: aktiv.

BÜCHER

Bauermeister, Heinrich: *Leuchttürme – Lichter an deutschen Küsten* (Edition Maritim, 2001)
Glomb, Ronald: *Die schönsten Leuchtturmgeschichten aus aller Welt* (Husum, 2000)
Guichard, Jean; Trethewey, Ken: *Leuchttürme des Nordatlantik – US-Ostküste. Kanada. Island. Britische Inseln. Frankreich* (Edition Maritim, 2004)
Plisson, Philip; Dufour, Daniel; Dreyer, Francis: *Leuchttürme – für Kinder erzählt* (Knesebeck, 2005)
Scheiblich, Reinhard: *Leuchttürme an Deutschlands Küsten* (Delius Klasing, 2003)
Scheiblich, Reinhard; Lütterman, Hans-Joachim: *Sterne unter den Wolken. Geschichte und Geschichten rund um deutsche Leuchttürme* (Convent, 2003)
Scheiblich, Reinhard; Staack, Hans Helge: *Leuchttürme Lexikon* (Edition Ellert & Richter, 2002)
Toussaint, Brigit; Toussaint, Frank; Hünsch, Matthias: *Deutsche Leuchtfeuer* (Edition Maritim, 2005)
Zemke, Friedrich-Karl: *Leuchttürme der Welt, Bd. 1, Altertum, Britische Inseln, Norden, Ostsee mit Kattegat* (Koehlers Verlagsges., 1992)
Zemke, Friedrich-Karl: *Leuchttürme der Welt, Bd. 2, Westeuropa und Südeuropa, Geschichte der Leuchtfeuertechnik* (Koehlers Verlagsges., 1992)
Zemke, Friedrich-Karl: *Leuchttürme der Welt, Bd. 3, Afrika, Australien, Ozeanien, Amerika* (Koehlers Verlagsges., 1993)

BILDQUELLEN

Kanada
Director General, Navigation Systems, Canadian Coast Guard, 200 Kent Street, 5th Floor, Ottawa, CAN-Ontario, K1A 0E6
www.ccg-gcc.gc.ca

England, Wales und Kanalinseln
The Corporation of Trinity House, Tower Hill, GB-London EC3N 4DH
www.trinityhouse.co.uk

Frankreich
Direction des Affaires Maritimes et des Gens de Mer, Bureau de Pharos et Balises, 3, places Fontenoy, F-75015 Paris

Island
The Icelandic Maritime Administration, Vesturvor 2, PO Box 120, IS-202 Kapavagur
www.sigling.is

Irland
Commissioners of Irish Lights, 16, Lower Pembroke Street, IRL-Dublin 2
www.cil.ie

Norwegen
State of Environment Norway, Norwegian Pollution Control Authority, P.O. Box 8100 Dep., N-0032 Oslo, Norwegen
www.environment.no

Schottland und Isle of Man
The Northern Lighthouse Board, 84 George Street, GB-Edinburgh EH2 3DA
www.nlb.org.uk

DANK

Wir danken der Icelandic Maritime Administration für die geduldige Beantwortung unserer Fragen und Jane Benn für ihre Hilfe.
Dank gebührt außerdem Giovanni D'Angelico und John Moelwyn-Hughes bei Corbis.

REGISTER